LE COMTE
DE MORCERF

DRAME EN CINQ ACTES ET DIX TABLEAUX,

DE MM. ALEX. DUMAS ET AUG. MAQUET.

3e PARTIE DE MONTE-CRISTO.

PRIX : 1 FRANC.

PARIS,

N. TRESSE, ÉDITEUR,

Successeur de J.-N. Barba,

PALAIS-NATIONAL, GALERIE DE CHARTRES, Nos 2 ET 3,

Derrière le Théâtre-Français.

1851

FRANCE DRAMATIQUE. — PIÈCES EN VENTE.

Abbaye de Castro (l'), drame, 5 actes. 60
Abbé (l') Galant, vaud., 2 actes. 60
Abbé de l'Épée (l'), com., 5 actes. 60
Agamemnon, trag., 5 a. 60
Aline Patin, vaud., 3 a. 60
Aline, reine de Golconde, op.-com. 60
Alix ou les deux Mères, drame, 5 actes. 60
Amant bourru (l'), com., 3 actes en vers. 60
Ambassadrice, op-com., 3 actes 60
A minuit, dr., 3 actes. 60
Amour (l'), vaud., 3 a. 60
André Chénier, dr., 3 a. 60
Angéline ou la Champenoise, vaud., 1 a. 60
Anglaises pour rire (les) vaudeville, 1 acte. 60
Angèle, dra., 5 a. Dumas. 60
Angélus (l'), dr., 5 a. 60
Antony, dr., 5 a. Dumas 60
Anneau de la Marquise (l'), v., 1 acte. 60
Aristocraties (les) com., 5 actes en vers 1 »
Article 213 (l') vaud., 1 a. 60
Assemblée de Famille (l'), c., 5 a., en vers. 60
Auberge des Adrets (l'), drame, 3 actes. 60
Avant, Pendant et Après, v., 3 actes. 60
Avocat (de sa cause) (l') com., 1 acte. en vers. 60
Bains à domicile (les) vaud. 60
Bambocheur (le), v., 1 acte. 60
Barbier de Séville (le), op.-c., 4 actes. 60
Barbier de Séville (le), comédie, 4 act. 60
Barcarolle (la), op.-com. 3 actes. 60
Bayadères de Pitiviers (les) vaud., 3 actes. 60
Béatrix, drame, 4 act. 60
Beau-Père (le), v., 1 a. 60
Bélisaire, vaud., 2 act. 60
Belle aux cheveux d'or (la) féerie, 5 actes. 60
Belle Bourbonnaise (la) drame, 3 actes. 60
Belle Ecaillère (la), dr., 3 actes. 60
Belle et la Bête (la), vaud. en 2 actes. 60
Belle Mère (la) et le Gendre, com., 3 actes. 60
Belle Sœur (la), c., 3 a. 60
Bénéficiaire (le), v., 5 a. 60
Bertrand l'horloger, c., vaud., 2 actes. 60
Bertrand et Raton, c., 5 actes. 60
Biribis le Mazourkiste, vaudev., 1 act. 60
Bohèche et Galimafré, v. 3 act. 60
Bœuf gras (le) vaud., 1 a. 60
Bohémiens de Paris (les) 60
Bohémienne de Paris (la) dr. 5 act. 60
Bonhomme Job (le) vaud. 3 act. 60
Bonnes d'enfants (les) vaudeville, 1 acte. 60
Boulangère à des écus (la), vaud., 2 actes. 60
Bourgeois de Gand (le), drame, 5 actes. 90
Bourgeois grand seigneur (le), op.-com., 3 a. 60
Bourgmestre de Sardam (le), v., 3 actes. 60
Bourru bienfaisant (le), com., 3 actes. 60

Branche de saule (la), drame, 5 actes. 60
Braconnier du Prophète (le) op.-com., 3 actes. 60
Bruno le fileur, vaud., 2 actes. 60
Brigitta, dr., 3 actes. 60
Brodequins de Lise (les), vaud., 1 acte. 60
Brutus et Palaprat, c., 1 acte. 60
Brutus, vaud., 1 acte. 60
Budget d'un jeune ménage (le), vaud., 1 a. 60
Bureau de placement (le), vaud., 2 actes. 60
Cabanis (les) particuliers, vaud., 1 a. 60
Cachucha (la), v., 1 a. 60
Cagliostro, op., 3 a. 60
Calas, drame 4 actes. 60
Caleb de Walter Scott (le) vaud., 1 acte. 60
Camaraderie (la), c., 5 a. 60
Camarade du ministre (le), com., 1 acte. 60
Camargo (la), v., 4 a. 60
Camp des croisés (le), drame, 5 actes. 60
Canaille (la), v., 3 actes. 60
Candinot, roi de Rouen, vaud., 2 actes. 60
Capitaine de voleurs (le) vaud., 2 actes. 60
Capitaine (le) Charlotte, com.-v., 2 a. 60
Caporal et la payse (le) com.-vaud., 1 acte. 60
Caravage, dr., 3 actes. 60
Carlin à Rome, v., 1 acte. 60
Carlo Bénti, vaud., 3 a. 60
Carmagnola, op., 2 a. 60
Carte à payer (la), v., 1 a. 60
Carte blanche, c., 1 a. 60
Cartouche, dr., 3 actes. 60
Catherine ou la Croix d'or, vaud., 2 actes. 60
Catherine II, tra., 5 a. 1
Catherine Howard, dr., 5 actes. Dumas. 60
Célibataire (le) et l'Homme marié, com. 3 a. 60
Cendrillon, op.-com., 3 actes. 60
C'est encore du bonheur, vaud., 3 actes. 60
C'est monsieur qui paie, vaud. 1 a. 60
C'était moi, dr., 2 a. 60
Chacun de son côté, com. 3 actes. 60
Chaine électrique (la), com. 2 actes. 60
Chalet (le) op.-c., 1 a. 60
Changement d'uniforme (le), vaud., 1 acte. 60
Chanoinesse (la), v., 1 a. 60
Chansons de Béranger (les), vaud., 1 acte. 60
Chantre et Choriste, v., 1 acte. 60
Charles VII, tra., 5 actes. Dumas. 60
Chêne du roi, tra., 3 a. 60
Chevalier (le) du temple, dr., 5 actes. 60
Chevilles de maître Adam (les), c., 1 a. 60
Chiffonnier (le), v., 5 a. 60
Christine, dr. 5 actes. 60
Ci-devant jeune homme (le), v., 1 acte. 60
Citerne d'Albi (la) dr., 3 actes. 60
Cléopâtre, tra., 5 actes. 60
Clermont ou une Femme d'artiste, v., 3 a. 60
Closerie des Genets, dr., 5 actes. 90
Clotilde, drame 5 actes. 60
Clytemnestre, tra., 3 a. 60
Cocarde tricolore (la), vaud., 5 actes. 60
Code et l'Amour (le), vaud., 1 acte. 60

Code noir, op.-c., 3 a. 60
Coffre-fort (le), v., 1 a. 60
Coiffeur et le perruquier (le), vaud., 1 a. 60
Coin de rue (le), v., 1 a. 60
Colonel (le), v., 1 a. 60
Comédiens (les), dr., 5 a. 60
Comité de bienfaisance (le), com., 1 a. 60
Commis voyageur (le), vaud., 2 a. 60
Comte Ory, op., 3 a. 1
Comtesse d'Altemberg, dr., 5 actes. 60
Contes des Fées, v., 3 a. 60
Contour (le), com., 3 a. 60
Contrebandier (les), c., 4 a. 60
Convalescence, vaud., 1 a. 60
Compromis d'argent (la), c., 3 actes. 60
Couleurs de Marguerite (les), vaud., 2 a. 60
Course à l'héritage, com., 5 actes. 60
Courte-paille (la), v., 3 a. 60
Cousin du ministre (le), vaud., 1 a. 60
Couturières (les), v., 1 a. 60
Couvent de Tonnington (le), drame, 3 a. 60
Cuisinières (les), v., 1 a. 60
Dagobert ou la Culotte, vaud., 3 a. 60
Dame blanche (la), op.-com., 3 a. 60
Dame de Laval (la), dr., 3 actes. 60
Dame de St-Tropez (la), drame en 5 actes. 60
Daniel-le-Tambour, v., 2 actes. 60
Débardeur (le), v., 2 a. 60
Débutant (le), c., 1 a. 60
Delphine, com. 2 actes. 60
Démence (la) de Charles VI, trag., 5 actes. 60
Demoiselle à marier (la), vaud., 1 acte. 60
Dernier amour (le), v., 3 actes. 60
Dernier banquet de 1815, rev., 3 actes. 60
Dernier marquis (le), dr. 5 actes. 60
Dette à la Bamboche, com.-vaud., 2 actes. 60
Deux Anglais (les), c., 3 actes. 60
Deux Compagnons du Tour de France, v. 2 a. 60
Deux Dames au violon, vaud., 1 a. 60
Deux Edmond (les), v., 2 actes. 60
Deux Favorites, v., 2 a. 60
Deux Forçats (les), dr., 3 a. 60
Deux Frères (les), c., 4 actes. 60
Deux Gendres (les), com., 5 a. 60
Deux Jaloux (les), op.-com., 1 a. 60
Deux Maris (les), v., 1 a. 60
Deux Ménages (les), c., 3 actes. 60
Deux Normands, v., 1 a. 60
Deux papas Arès-bien, v., 1 acte. 60
Deux Philibert (les), com., 3 a. 60
Deux Sœurs, dr., 3 a. 60
Deux Systèmes (les) v., 2 actes. 60
Deux voleurs, op.-c., 1 acte. 60
Diable à quatre (le), v., 3 actes. 60
Diamant (le), v., 3 a. 60
Diamans de la couronne, opéra-com., 3 a. 60
Diner de Madelon (le), vaud., 1 a. 60
Diogène, dr., 5 actes. 60
Diplomate (le), v., 2 a. 60

Dix (les), op.-com., 1 a. 60
Dix ans de la vie d'une femme, dr., 5 a. 60
Docteur Robin (le), v., 1 acte. 60
Dominique ou le possédé, com., 3 a. 60
Domino noir (le), op.-c., 3 actes. 60
Don César de Bazan, dr., 5 actes. 60
Don Juan d'Autriche, com., 5 actes. 60
Don Sébastien de Portugal, opéra, 5 a. 1
Don Pasquale, op., 3 a. 1
Duc d'Olonne, op.-c., 3 actes. 60
Duchesse de Marsan, dr., 5 actes. 60
Chut (le) et le Déjeuner, vaud., 1 acte. 60
Éclair (l'), op.-c., 3 a. 60
École des Vieillards (l'), com., 5 actes. 60
Économies de Cabochard et Sous Clé. 60
Édouard et Clémentine, vaud., 3 actes. 60
Échec et Mat, dr., 5 actes. 1
Élève de Saumur (l'), vaud., 1 acte. 60
Elle est folle, v., 3 a. 60
Embarras du choix (l'), vaud., 1 a. 60
Endymion, v., 1 a. 60
Enfant chéri des Dames, vaud., 2 a. 60
Enfants d'Édouard (les), trag., 5 a. 60
Enfant trouvé (l'), c., 3 actes. 60
Entre l'arbre et l'écorce, vaud., 1 acte. 60
Espionne russe (l'), v., 3 actes. 60
Est-ce un rêve? v., 2 a. 60
Estelle, vaud., 1 a. 60
Étourdis (les), c., 3 a. 60
Étudiants (les), dr., 5 a. 60
Eulalie Pontois, drame, 3 actes. 60
Eustache, v., 1 a. 60
Facteur (le), dr., 5 a. 60
Famille Gilinet (la), c., 5 actes. 60
Famille improvisée (la), vaud., 1 acte. 60
Famille Riquebourg (la), vaud., 1 a. 60
Fanfan le bâtonniste, vaud., 2 a. 60
Farruck le Maure, dr., 5 actes. 60
Faublas, vaud., 5 actes. 60
Favorite (la), op., 4 a. 1
Femme de 40 ans, com., 3 actes. 60
Femme jalouse (la), c., 5 actes. 60
Fénélon, trag., 5 a. 60
Ferme de Bondy (la), vaud., 4 a. 60
Festin de pierre (le), com., 5 a. 60
Fen Petersrott, v., 2 a. 60
Fiancée (la), op.-c., 3 a. 60
Fiancée de Lammermoor (la), dr., 3 a. 60
Fille de Dominique (la), vaud., 1 a. 60
Fille d'honneur (la), c., 5 actes. 60
Fille du Cid (la), trag., 5 actes. 60
Fille du musicien (la), drame, 3 a. 60
Fille d'un voleur (la), vaud., 1 a. 60
Fille du tapissier (la), com., 3 a. 60
Fin du Monde (la), revue 1818. 60
Floridor le Choriste,

Foire St-Laurent (le), vaud., 1 a. 60
Folle de la cité, dr., 5 a. 60
Frascati, vaud., 3 a. 60
Fra-Diavolo, op.-c., 3 actes. 60
Françoise et Francesca, vaud., 3 a. 60
Frédégonde et Brunehaut, trag., 5 a. 10
Frère et mari, op.-c., 10
Frères à l'épreuve (les), drame 5 a. 60
Gabrion, dr., 5 a. 60
Gaïan et Mammone, drame 5 a. 60
Gamin de Paris, v., 2 actes. 60
Gardeuse de dindons, vaud., 3 a. 60
Gardien (le), v., 2 a. 60
Gaspardo le pêcheur, drame, 5 a. 60
Gendre d'un millionnaire (le), c., 5 a. 60
Geneviève la blonde, vaud., 3 a. 60
Georges et Maurice, vaud., 2 a. 60
Glenarvon ou les Puritains, dr., 5 a. 60
Grace de Dieu (la), dr., 5 actes. 60
Grande Dame (la), dr., 2 actes. 60
Guerre des servantes, drame, 5 a. 60
Guillaume Colmann, d., 5 actes. 60
Guido et Ginevra, op., 5 actes. 1
Guillaume Tell, gr.-op., 5 actes. 1
Gustave III ou le Bal, grand-opéra, 5 a. 60
Harvati, parodie d'Hernani. 60
Héloïse et Abeilard, d., 5 actes. 60
Henri Hamelin, vaud., 3 actes. 60
Henri III et sa cour, d., 5 actes. 60
Héritage du mal (l'), drame 5 a. 60
Héritière (l'), comédie, 5 actes. 60
Héritière (l'), v., 1 a. 60
Héritiers ou le Naufrage (les), c., 2 a. 60
Héroïne de Montpellier (l'), drame, 5 a. 60
Heur et Malheur, v., 1 acte. 60
Homme au masque de fer (l'), dr., 5 a. »
Homme blasé (l'), v., 2 actes. 60
Homme de soixante ans (l'), vaud., 1 a. 60
Homme gris (l'), c., 3 a. 60
Honorine, vaud., 3 a. 60
Hôtel garni (l'), c., 1 a. 60
Huguenots (les), grand opéra, 5 a. 1
Humoriste (l'), v., 1 a. 60
Hussard de Felsheim (les), vaud., 3 a. 60
Idiote (l'), dr., 3 a. 60
Il y a seize ans, dr., 5 a. 60
Imago (l'), vaud., 3 a. 60
Indépendants (les), c., 5 actes. 60
Industriels et industrieux, revue, 3 a. 60
Infortunes de M. Jovial (les), vaud., 3 a. 60
Intérieur des comités révolutionnaires, com., 3 actes. 60
Isabelle de Montréal, drame, 2 a. 60
Jacquot, vaud., 2 a. 60
Jaspin, vaud., 2 a. 60

LE
COMTE DE MORCERF

DRAME EN CINQ ACTES ET DIX TABLEAUX,

DE M. ALEXANDRE DUMAS ET AUGUSTE MAQUET.

Représenté pour la première fois, à Paris, sur le théâtre de l'Ambigu-Comique,
le 1er avril 1851.

3e PARTIE DE MONTE-CRISTO.

PERSONNAGES.	ACTEURS.	PERSONNAGES.	ACTEURS
MONTE-CRISTO.	MM. ARNAULT.	UN PAIR.	MM. MARTIN.
MORCERF.	LYONNET.	BAPTISTIN.	CÉROY.
ALBERT.	GOUGET.	ALI.	LANTROSE
BEAUCHAMP.	LÉON MOURROT.	GERMAIN.	JULES.
DANGLARS.	STAINVILLE.	PHILIPPE.	HENRI.
DEBRAY.	BOUSQUET.	UN HUISSIER.	LANGLOIS
BERTUCCIO.	MACHANETTE.	HAYDÉE.	Mᵐᵉ NAPTAL-ARNAULT.
LE PRÉSIDENT.	THIERY.	MERCÉDÈS.	LUCIL.
CHATEAURENN.	DEBRUETT.	Mme DANGLARS.	MARIE-CLARISSE.
FRANTZ.	DE PRELLE.	Mᵐᵉ DE VALGENCEUSE.	DAROUX.

S'adresser, pour la Musique, à M. ARTUS, chef d'orchestre; et, pour la mise en scène, à M. MONTI,
régisseur: tous deux au théâtre.

ACTE PREMIER.

PREMIER TABLEAU.

Boudoir de garçon chez Morcerf; des armes; des pipes; des cannes; un portrait de Mercédès en
le costume catalan; un portrait du comte en costume de Palikare.

SCÈNE I.

ALBERT DE MORCERF, en robe de chambre
turque, couché sur une causeuse. Un petit
groom lui allume une longue pipe turque. Un
valet de chambre entre, portant les lettres et
les journaux sur un plat de porcelaine monté.

ALBERT.

Qu'est-ce que cela, Germain?

GERMAIN.

Les lettres et les journaux de M. le vicomte.

ALBERT.

Voyons. (Il prend deux lettres.) Comment
sont venues ces deux lettres?

GERMAIN.

L'une par la poste, l'autre par le valet de
chambre de madame Danglars.

ALBERT.

Faites dire à madame Danglars que j'accepte
la place qu'elle veut bien m'offrir dans sa loge.

Puis vous passerez chez Rosa Vedetto et
vous lui direz que j'irai souper avec elle en
sortant de l'Opéra, et que j'y conduirai probablement un ami. Vous porterez chez elle six
bouteilles de vins assortis: Constance, Xérès,
Malaga, et un baril d'huîtres d'Ostende. Prenez les huîtres chez Philippe et dites que c'est
pour moi.

GERMAIN.

M. le vicomte a commandé à déjeuner pour
ce matin?

ALBERT.

Oui.

GERMAIN.

Pour quelle heure?

ALBERT.

Pour dix heures et demie.

GERMAIN.

Combien de couverts?

ALBERT.

Sans moi deux, mettez-en quatre. Il est dix

que deux de moins. A propos, passez chez ma·
dame la comtesse de Morcerf, et dites-lui que
c'est probablement ce matin que j'aurai l'honneur de lui présenter M. le comte de Monte-
Cristo. Mais voilà quelqu'un, ce me semble;
voyez donc.

SCÈNE II.

LES MÊMES, LUCIEN DEBRAY.

DEBRAY.

Peut-on entrer?

ALBERT.

Comment! vous, Debray, vous que je n'attendais que le dernier, savez-vous que vous
m'effrayez avec votre exactitude? que dis-je,
exactitude? Vous arrivez à dix heures moins
cinq minutes, quand le rendez-vous définitif
n'est qu'à dix heures et demie. C'est miracu-
leux! Le ministère serait-il renversé par hasard?

DEBRAY.

Mon très cher, rassurez-vous; nous chan-
celons toujours, mais nous ne tombons jamais.
J'ai passé la nuit à expédier des lettres, vingt-
cinq dépêches diplomatiques! Rentré chez
moi ce matin, j'ai voulu dormir, mais le mal
de tête m'a pris; je me suis relevé pour monter à cheval une heure; à Boulogne, l'ennui et
la faim se sont emparés de moi; alors je me
suis souvenu que l'on festinait chez vous ce
matin, et me voilà. J'ai faim, nourrissez-moi;
je m'ennuie, amusez-moi.

ALBERT.

C'est mon devoir d'amphytrion, cher ami.
Germain! un verre de Xérès et un biscuit. En
attendant, mon cher, voici des cigares de con-
trebande: je vous engage à les goûter et à inviter votre ministre à nous en vendre de pareils.

DEBRAY.

Cela ne regarde pas mon ministère, mais
les finances. Adressez-vous donc rue de Rivo-
li, section des contributions indirectes, corri-
dor A, n° 26.

ALBERT.

En vérité, mon cher Lucien, vous m'étonnez
par l'étendue de vos connaissances. Mais prenez donc un cigare.

(Le groom présente à Lucien une bougie rose,
brûlant dans un petit bougeoir de vermeil.)
DEBRAY, allumant un cigare et se renversant sur
le divan.

Ah! cher vicomte, que vous êtes heureux de
n'avoir rien à faire! En vérité, vous ne connaissez pas votre bonheur

ALBERT.

Eh! que feriez-vous donc, mon cher, si vous
ne faisiez rien? Comment! secrétaire particulier du ministre, lancé à la fois dans la grande
cabale européenne et dans les petites intri-
gues de Paris, ayant des rois et même mieux
que cela, des reines à protéger, des partis à
réunir, des élections à diriger; faisant plus, de
votre cabinet et avec votre plume et votre té-
légraphe, que Napoléon ne faisait, de ses
champs de bataille, avec son épée et ses vic-
toires; possédant vingt-cinq mille livres de
rentes, en dehors de votre place, un cheval
dont Chateaubrun vous a offert quatre cents
louis et que vous n'avez pas voulu lui donner,
un tailleur qui ne vous manque jamais un
pantalon; ayant l'Opéra, les Variétés et le
Jockey-Club, vous ne trouvez pas dans tout cela de quoi vous distraire... Alors j'y tâcherai,
moi.

DEBRAY.

Comment cela?

ALBERT se lève.

En vous faisant faire une connaissance nouvelle.

DEBRAY.

En homme ou en femme?

ALBERT.

En homme.

DEBRAY.

Diable! j'en connais déjà beaucoup.

ALBERT.

Oui, mais vous ne connaissez pas celui
dont je vous parle.

DEBRAY.

D'où vient-il donc, du bout du monde?

ALBERT.

De plus loin, peut-être.

DEBRAY.

J'espère qu'il n'apporte pas notre déjeuner?

ALBERT.

Soyez tranquille, notre déjeuner se confec-
tionne dans la cuisine maternelle. Décidément vous avez donc faim?

DEBRAY.

Oui, j'ai dîné hier chez M. de Villefort.
Avez-vous remarqué cela, cher ami, c'est qu'on
dîne très mal chez tous ces gens du parquet?

ALBERT.

Oh! pardieu! dépréciez les dîners des au·
tres, avec ça qu'on dîne bien chez nos ministres.

BEAUCHAMP, dans l'antichambre.

Il nous attend, n'est-ce pas?

ALBERT.

Eh! tenez, j'entends la voix de Beauchamp
dans l'antichambre: vous disputerez, et cela
vous fera prendre patience.

SCÈNE III.

Les Précédens, BEAUCHAMP.

LE VALET DE CHAMBRE.

M. Beauchamp!

ALBERT.

Entrez, entrez, plume terrible. Tenez, voici M. Debray qui vous déteste sans vous lire, à ce qu'il dit, du moins.

BEAUCHAMP.

C'est comme moi, je le critique sans savoir ce qu'il fait. Bonjour. Mon cher Albert, une explication... je vois Debray qui boit du Xérès et qui mange des biscuits. Déjeunons-nous ou dinons-nous? j'ai la Chambre moi. Comme vous voyez, tout n'est pas rose dans notre métier.

ALBERT.

On déjeunera, nous n'attendons plus que deux personnes.

BEAUCHAMP.

Quelle sorte de personnes?

ALBERT.

Un gentilhomme et un voyageur.

BEAUCHAMP.

Bon. Deux heures pour le gentilhomme et une heure pour le voyageur. Je reviendrai au dessert. Gardez moi des fraises, du café et des cigares. Je mangerai une côtelette, à la Chambre.

ALBERT.

N'en faites rien, mon cher, que nos convives oient arrivés ou non, à dix heures et demie, nous nous mettons à table.

BEAUCHAMP, regardant sa montre.

Dix heures! allons, on tentera l'épreuve. D'autant plus que je suis horriblement maussade ce matin.

ALBERT.

Bon! vous voilà comme Debray. Il me semble cependant que le ministère est triste, l'opposition doit être gaie.

BEAUCHAMP.

Ah! c'est que vous ne savez point ce qui me menace. J'entends ce matin un discours de M. Danglars à la Chambre et ce soir, chez sa femme, une tragédie d'un pair de France.

ALBERT.

Mon cher, vous êtes ce matin d'une aigreur révoltante. Rappelez-vous que la chronique parisienne parle d'un mariage entre moi et mademoiselle Eugénie Danglars. Je ne puis donc, en conscience, vous laisser mal parler de l'éloquence d'un homme qui doit me dire un jour : Vous savez, M. le vicomte, que je donne deux millions à ma fille?

BEAUCHAMP.

Allons donc, Albert, est-ce que ce mariage se fera jamais. Le roi a bien pu faire Danglars baron, le roi pourra bien le faire pair, mais il ne le fera jamais gentilhomme et le comte de Morcerf est une épée trop aristocratique pour consentir, moyennant deux pauvres millions, à une mésalliance.

ALBERT.

Deux millions, c'est cependant joli.

BEAUCHAMP.

C'est le capital social d'un théâtre du boulevart ou d'un chemin de fer du jardin des plantes à la Râpée.

DEBRAY.

Laissez-le dire, Morcerf, et mariez-vous. Vous épousez l'étiquette d'un sac, n'est-ce pas? Eh bien! que vous importe le reste, mieux vaut, sur cette étiquette, un blason de moins et un zéro de plus. Vous avez sept merlettes dans vos armes, vous en donnerez trois à votre femme, il vous en restera encore quatre, c'est une de plus que M. le duc de Guise, qui a failli être roi de France, et dont le cousin germain était empereur d'Allemagne.

BEAUCHAMP.

Oh! vous, Debray, on sait votre faible pour toute la famille.

LE VALET DE CHAMBRE.

M. le marquis de Chateaubrun!

SCÈNE IV.

Les Mêmes, CHATEAUBRUN.

BEAUCHAMP.

Bon, voilà le gentilhomme, nous n'attendons plus que le voyageur.

DEBRAY.

Comment! Chateaubrun? mais je le croyais en Afrique.

CHATEAUBRUN.

J'arrive d'hier, mon cher M. Debray.

ALBERT.

Et je vous l'offre aujourd'hui. On ne peut pas servir plus chaud, j'espère.

CHATEAUBRUN.

Bonjour, Albert, bonjour M. de Beauchamp, j'ai à vous remercier.

BEAUCHAMP.

Moi?

CHATEAUBRUN.

Oui, vous m'avez consacré un entrefilet et quand cela ne nous déplaît pas très fort, cela nous flatte beaucoup, nous autres gens du monde.

BEAUCHAMP.

Je crois bien, M. le marquis part en amateur, pour regarder, les bras croisés, la prise de Constantine; on ne prend pas Constantine, on bat en retraite, monsieur décroise les bras et fait des prodiges.

CHATEAUBRUN.

Oui, mais il y a un homme qui a fait de plus grands prodiges que moi puisqu'il m'a sauvé, et celui-là vous n'en dites pas un mot.

BEAUCHAMP.

Ah! oui, M. Maximilien Morrel, un capitaine de spahis, qui est arrivé comme deux Arabes, (notez que monsieur en avait déjà tué quatre,) qui est arrivé comme deux Arabes s'apprêtaient à vous chicoter le cou. Pourquoi diable! en parlerai-je? c'est un soldat, lui, il n'a fait que son métier.

CHATEAUBRUN.

C'est égal, mon cher, à l'occasion, je vous le recommande, et à vous aussi, mon cher Debray.

DEBRAY.

Mais moi, je suis à l'intérieur et cela regarde la guerre.

BEAUCHAMP.

Bah! entre ministres...

DEBRAY.

De sorte que vous voilà, n'est-ce pas? Bon! nous n'attendons plus que le voyageur.

BEAUCHAMP.

Il est dix heures un quart.

ALBERT.

J'ai demandé grâce jusqu'à dix heures et demie. Dites-donc, Chateaubrun, vous eussiez dû nous amener votre sauveur, je l'eusse mis en face du mien.

CHATEAUBRUN.

Votre sauveur, Albert? vous avez donc été sauvé aussi, vous?

DEBRAY.

Comment ferons-nous pour récompenser ces deux bienfaiteurs de l'humanité, nous n'avons qu'un prix Monthyon?

CHATEAUBRUN.

Et de quelle partie du monde nous arrive ce sauveur?

ALBERT.

En vérité, je serais fort embarrassé pour le dire. Quand je l'invitai, voilà tantôt deux ans, il était à Rome; mais qui peut dire le chemin qu'il a fait depuis ce temps-là?

CHATEAUBRUN.

Ah ça! mais, c'est donc le Juif-Errant?

ALBERT.

Peut-être bien.

DEBRAY.

Le croyez-vous capable d'être exact, au moins?

ALBERT.

Je le crois capable de tout.

BEAUCHAMP.

Faites attention qu'avec les cinq minutes de grâce demandées, nous n'avons plus que dix minutes.

ALBERT.

Eh bien! j'en profiterai pour vous parler de mon convive.

BEAUCHAMP.

Y a-t-il matière à un feuilleton dans ce que vous allez nous raconter?

ALBERT.

Oui, et des plus curieux même.

BEAUCHAMP.

Dites alors, car je vois bien que je manquerai la chambre et qu'il faut que je me rattrape.

ALBERT.

J'étais à Rome, il y a deux ans, au carnaval.

BEAUCHAMP.

Nous savons cela.

ALBERT.

Oui, mais ce que vous ne savez pas, c'est que je fus enlevé par des brigands.

DEBRAY.

Est-ce qu'il y a des brigands?

ALBERT.

Et de hideux même, c'est-à-dire d'admirables; je les ai trouvés beaux à faire peur. Ces messieurs m'avaient donc enlevé et conduit dans un endroit fort triste, qu'on appelle les catacombes de Saint-Sébastien; j'étais prisonnier sauf rançon, une misère de quatre mille écus romains, vingt-six mille livres tournois. Malheureusement je n'en avais que 1,500; j'étais au bout de mon voyage, mon crédit était épuisé. J'écrivis à Frantz-d'Épinay, qui voyageait avec moi et que vous connaissez tous. La question était grave: s'il n'était arrivé à six heures du matin avec les quatre mille écus, à six heures dix minutes, je devais aller joindre les bienheureux saints et les glorieux martyrs, avec les reliques desquels j'avais l'honneur de me trouver.

CHATEAUBRUN.

Eh bien! Frantz arriva avec les quatre mille écus?

ALBERT.

Non, il arriva purement et simplement accompagné du convive que je vous annonce, et que, je l'espère, j'aurai l'honneur de vous présenter.

DEBRAY.

Ah ça! mais c'est donc un hercule tuant Cacus, que ce monsieur, un Persée délivrant Andromède?

ALBERT.

Non, c'est un homme de ma taille à peu près.

BEAUCHAMP.

Il était armé jusqu'aux dents.

ALBERT.

Il n'avait pas même une aiguille à tricoter.

CHATEAUBRUN.

Il traita de votre rançon alors?

ALBERT.

Il dit deux mots à l'oreille du chef et je fus libre.

BEAUCHAMP. riant.

On lui fit même des excuses de vous avoir arrêté, n'est-ce pas?

ALBERT.

Justement!

DEBRAY.

Mais c'était donc l'Arioste?

ALBERT.

Non, c'était le comte Monte-Cristo.

DEBRAY.

Allons-donc! on ne s'appelle pas le comte Monte-Cristo.

BEAUCHAMP.

Attendez-donc, attendez-donc. Je crois que je vais vous tirer d'embarras. Monte-Cristo est une petite île près de laquelle j'ai passé en allant à Palerme.

ALBERT.

C'est justement cela. De ce grain de sable, de cet atôme, est seigneur et roi celui dont je vous parle. Il aura acheté ce brevet de comte quelque part en Toscane.

BEAUCHAMP.

Il est donc riche, votre comte?

ALBERT.

Je le crois. Il possède une caverne pleine d'or.

BEAUCHAMP.

Et vous avez vu cette caverne?

ALBERT.

Non, mais j'en ai entendu parler.

CHATEAUBRUN.

Eh! mais, moi aussi... Un soir, sous la tente où nous attendions notre souper, qui ne venait pas..

DEBRAY.

Comme aujourd'hui notre déjeuner.

ALBERT.

N'interrompez donc pas, Debray; que diable, nous ne sommes pas à la Chambre.

CHATEAUBRUN.

Eh bien, Morrel, mon sauveur à moi, m'a toujours raconté qu'il était allé pour chasser dans cette île de Monte-Cristo, et que là il avait été invité à souper par un inconnu, mais à la condition qu'il se laisserait bander les yeux et conduire, sans chercher à savoir où il était.

ALBERT.

Eh bien?

CHATEAUBRUN.

Eh bien, il est descendu dans une caverne; il y a trouvé une espèce d'enchanteur qui l'y a fait servir par des muets et par des femmes près desquelles Aspasie et Cléopâtre n'étaient que des Lorettes.

ALBERT.

Eh bien, vous jetez un peloton de fil dans mon labyrinthe, mon cher Chateaubrun. Le comte de votre capitaine de spahis, c'est le mien.

DEBRAY.

En vérité, mon ami, vous nous racontez des choses invraisemblables.

ALBERT.

Cela n'empêche pas que mon comte Monte-Cristo existe.

DEBRAY.

Pardieu! tout le monde existe. Beau miracle!

ALBERT.

Oui, mais tout le monde n'existe pas dans des conditions pareilles. Tout le monde n'a pas des esclaves noirs, des galeries princières, des armes comme à la Casauba, des chevaux de six mille francs la pièce, des maitresses grecques.

BEAUCHAMP.

Il a une maitresse grecque! L'avez vous vue au moins?

ALBERT.

Vue, de mes deux yeux vue, une fois au théâtre Vallé, et une fois que je déjeunais chez le comte. Deux fois en tout.

DEBRAY.

Il mange donc, votre homme extraordinaire?

ALBERT.

Ma foi, s'il mange, c'est si peu, que ce n'est pas la peine d'en parler.

CHATEAUBRUN.

Vous verrez que c'est un vampire.

ALBERT.

Eh bien, messieurs, vous allez vous moquer de moi, mais je ne dirais pas non.

BEAUCHAMP.

Ah! bravo!

CHATEAUBRUN.

Toujours est-il que votre comte Monte-Cristo est un galant homme dans ses momens perdus, n'est-ce pas?

DEBRAY.

Oui, sauf ses petits arrangemens avec les bandits italiens.

BEAUCHAMP.

Bah! il n'y a pas de bandits italiens.

DEBRAY.

Pas de vampires.

BEAUCHAMP.

Pas de comte Monte-Cristo, et la preuve, mon cher ami, c'est que voilà dix heures et demie qui sonnent.

CHATEAUBRUN.

Avouez que vous avez eu le cauchemar, et allons déjeuner.

GERMAIN (ouvrant la porte).

Son excellence le comte Monte-Cristo.

SCÈNE V.

LES MÊMES, MONTE-CRISTO.

MONTE-CRISTO.

L'exactitude est la politesse des rois, à ce qu'a prétendu, je crois, un de vos souverains; mais, quel que soit leur désir, elle n'est pas toujours celle des voyageurs. Cependant, mon cher vicomte, j'espère que vous excuserez, en faveur de ma bonne volonté, les deux ou trois secondes de retard que je crois avoir mises à paraître au rendez-vous Cinq cents lieues ne se font pas sans quelque contrariété, en France surtout, où il est défendu, à ce qu'il paraît, de battre les postillons.

ALBERT.

M. le comte, j'étais justement occupé à annoncer votre visite à quelques-uns de mes amis, que j'avais réunis à l'occasion de la promesse que vous aviez bien voulu me faire à Rome, de venir déjeuner avec moi à Paris, le 25 juin, à dix heures et demie du matin. J'ai l'honneur de vous les présenter ; ce sont : M. le marquis de Chateaubrun, dont la noblesse remonte aux douze pairs, et dont les ancêtres ont eu leur place à la Table ronde; M. Lucien Debray, secrétaire particulier du ministre; M. Beauchamp, terrible journaliste, effroi du gouvernement et délices de ses amis.

MONTE-CRISTO.

Messieurs, permettez-moi, je vous prie, un aveu qui sera mon excuse pour toutes les inconvenances que je pourrai faire. Je suis étranger, mais étranger à tel point que c'est la première fois que je viens à Paris. La vie française m'est donc tout-à-fait inconnue, et je n'ai, jusqu'à présent, pratiqué que la vie orientale, la plus antipathique à toutes les bonnes traditions parisiennes. Je vous prie donc de m'excuser si vous trouvez en moi quelque chose de trop turc, de trop napolitain ou de trop arabe.

ALBERT.

Et moi, M. le comte, je suis atteint d'une crainte, c'est que la cuisine de la rue du Helder ne soit pas la vôtre. J'aurais dû vous demander votre goût et vous faire préparer quelque plat à votre fantaisie.

MONTE-CRISTO.

Si vous me connaissiez davantage, monsieur, vous ne vous préoccuperiez pas d'un soin presque humiliant pour un voyageur comme moi, qui a successivement vécu avec du macaroni, à Naples, de la polenta, à Milan, de l'olla-podrida, à Valence, du pilau, à Constantinople, du karick, à Calcutta, et des nids d'hirondelles, à Canton. Il n'y a pas de cuisine pour un cosmopolite comme moi ; je mange de tout et partout, seulement je mange peu, et aujourd'hui vous m'excuserez si je ne mange pas du tout.

ALBERT.

Comment, si vous ne mangez pas du tout ?

MONTE-CRISTO.

J'avais été obligé de m'écarter de ma route pour prendre des renseignemens aux environs de Nîmes, de sorte que j'étais un peu en retard et n'ai point voulu m'arrêter pour manger.

ALBERT.

Mais vous avez mangé dans votre voiture, alors ?

MONTE-CRISTO.

Non, j'ai dormi, comme cela m'arrive quand je m'ennuie, sans avoir le courage de me distraire, ou quand j'ai faim sans avoir envie de manger.

BEAUCHAMP.

Vous commandez donc au sommeil, monsieur ?

MONTE-CRISTO.

Parfaitement !

DEBRAY.

Le comte a une recette pour cela !

MONTE-CRISTO.

Infaillible, monsieur.

ALBERT.

Et peut-on savoir quelle est cette recette ?

MONTE-CRISTO.

O mon Dieu oui, vicomte, c'est un mélange d'excellent opium, que j'ai été chercher moi-même en Chine pour être certain de l'avoir pur, et du meilleur hatchich, qui se récolte en Orient. On réunit ces deux ingrédiens en portions égales et l'on en fait des espèces de pilules qui s'avalent au moment où l'on en a besoin, dix minutes après, l'effet est produit.

BEAUCHAMP.

Et vous en portez toujours sur vous ?

MONTE-CRISTO.

Toujours!

BEAUCHAMP.

Serait-ce indiscret, monsieur, de vous demander à voir ces précieuses pilules ?

MONTE-CRISTO.

Non, monsieur.

(Il tire de sa poche une bonbonnière creusée dans une seule émeraude.)

DEBRAY.

Et c'est votre cuisinier qui vous prépare ce régal ?

MONTE-CRISTO.

Oh ! non, monsieur, je ne livre point ainsi mes jouissances les plus pures à des mains indignes, je suis assez bon chimiste et prépare mes pilules moi-même.

CHATEAUBRUN.

Voilà une admirable émeraude, la plus belle que j'aie jamais vue, quoique ma mère ait des bijoux de famille assez remarquables.

MONTE-CRISTO.

J'en avais trois pareilles, monsieur : j'ai donné l'une au Grand-Seigneur, qui l'a fait monter sur son sabre, l'autre au Saint-Père, qui l'a fait incruster sur sa tiare, en face d'une émeraude à peu près pareille, mais moins belle, cependant, qui avait été donnée à son prédécesseur, Pie VII, par l'empereur Napoléon. J'ai gardé la troisième pour moi, seulement je l'ai fait creuser, ce qui lui ôte la moitié de sa valeur, mais qui l'a rendue plus commode pour l'usage que j'en voulais faire.

DEBRAY.

Et que vous avaient donné ces deux souverains pour mériter ce magnifique cadeau ?

MONTE-CRISTO.

Le Grand-Seigneur, la liberté d'une femme, notre Saint-Père, la vie d'un homme, de sorte que, deux fois dans mon existence, j'ai été aussi puissant que si Dieu m'eût fait naître sur les marches d'un trône.

(On parle bas à Albert.)

DEBRAY.

Qu'y a-t-il, est-ce le déjeuner ?

ALBERT.

Oui, monsieur, et en même temps le comte de Morcerf qui, avant de partir pour la Chambre, sachant que vous étiez ici, aurait voulu vous remercier.

MONTE-CRISTO.

Eh bien, monsieur, rien de plus facile. Je serais un mauvais convive, laissez-moi ici, j'aurai, si M. Albert le permet, l'honneur d'y recevoir M. de Morcerf.

ALBERT.

A merveille, mais n'allez pas disparaître sans que je le sache.

MONTE-CRISTO.

Comment donc, monsieur, je vous appar-

tiens et vous promets de ne reprendre ma liberté que quand vous me l'aurez rendue.

BEAUCHAMP.

Comme il dit tout cela ! C'est décidément un grand seigneur.

DEBRAY.

Un grand seigneur étranger.

CHATEAUBRUN.

Un grand seigneur de tous les pays.

ALBERT.

Vous nous excusez, comte, mais ces messieurs meurent de faim et mon père descend.

MONTE-CRISTO.

Faites, monsieur, faites.

(Les jeunes gens entrent dans la salle à manger.)

SCÈNE VI.

MONTE-CRISTO, puis le COMTE DE MORCERF.

MONTE-CRISTO.

Je vais le revoir, lui, et elle peut-être. Silence, mon cœur, pour la vieille haine, silence, mon âme, pour l'ancien amour.

ALBERT.

Mon père, j'ai l'honneur de vous présenter M. le comte de Monte-Cristo, cet ami généreux que j'ai eu le bonheur de rencontrer dans les circonstances difficiles que vous savez.

FERNAND.

Monsieur est le bienvenu parmi nous, et il a rendu à notre maison, en lui conservant son unique héritier, un service qui sollicite éternellement notre reconnaissance. (Il lui montre un fauteuil.)

ALBERT.

Je puis me retirer ?

FERNAND.

Allez rejoindre vos amis.

ALBERT, à Monte-Cristo.

Vous permettez ?

MONTE-CRISTO.

Comment donc ! (Albert sort.)

FERNAND.

Madame la comtesse de Morcerf était à sa toilette, monsieur, lorsque le vicomte l'a fait prévenir qu'elle allait avoir le bonheur de recevoir votre visite. Elle descend, et dans dix minutes elle sera ici.

MONTE-CRISTO.

C'est beaucoup d'honneur pour moi, M. le comte, d'être ainsi, dès le jour de mon arrivée, mis en rapport avec un homme dont le mérite égale la réputation et pour lequel la fortune, juste une fois, n'a pas fait d'erreur mais n'a-t-elle pas encore, dans les plaines de la Mitidja et dans les montagnes de l'Atlas, un bâton de maréchal à vous offrir?

FERNAND.

Oh! j'ai quitté le service, monsieur. Nommé pair de France sous la Restauration, j'étais de la première campagne d'Alger, je pouvais donc prétendre à un commandement supérieur si la branche aînée fût restée sur le trône, mais les événemens qui s'accomplirent me forcèrent à donner ma démission. Lorsqu'on a gagné les épaulettes sur le champ de bataille, on ne sait guère manœuvrer sur le terrain glissant des salons; j'ai quitté l'épée, je me suis jeté dans la politique; je me voue à l'industrie, j'étudie les arts utiles. Pendant les vingt années que je suis resté au service, j'en avais eu le désir, mais je n'en avais pas eu le temps.

MONTE-CRISTO.

Ce sont de pareilles idées, M. le comte, qui entretiennent la supériorité de votre nation sur les autres pays. Gentilhomme issu d'illustre maison, possédant une grande fortune, vous avez d'abord consenti à gagner les premiers grades en soldat obscur; c'est fort rare! Puis, devenu général, pair de France, vous consentez à recommencer un second apprentissage sans autre espoir, sans autre récompense que celle d'être un jour utile à vos semblables. Ah! monsieur, voilà qui est vraiment beau; je dirai plus, voilà qui est sublime!

FERNAND, s'inclinant.

Monsieur!

MONTE CRISTO.

Hélas! nous ne faisons pas ainsi en Italie, nous naissons selon notre race et notre espèce, et nous gardons même feuillage, même taille et souvent même inutilité toute notre vie.

FERNAND.

Mais, monsieur, pour un homme de votre mérite, l'Italie n'est point une patrie, et la France vous tend les bras, répondez à son appel, la France traite mal ses enfans, mais elle accueille grandement les étrangers.

MONTE-CRISTO.

Oh! monsieur, on voit bien que vous ne me connaissez pas. Mes aspirations, à moi, sont en dehors de ce monde; je ne désire point les honneurs et n'en prends que ce qui peut tenir sur un passeport.

FERNAND.

Vous avez été maître de votre avenir, et vous avez choisi le chemin des fleurs.

MONTE-CRISTO.

Justement, monsieur.

(La comtesse entre, elle a entendu ces derniers mots, elle tressaille et s'appuie au chambranle de la porte.)

FERNAND, sans la voir.

Si je ne craignais de vous fatiguer, monsieur, je vous eusse emmené à la chambre des pairs; il y a aujourd'hui séance curieuse pour quiconque ne connaît pas nos sénateurs modernes.

MONTE-CRISTO.

Je vous serai fort reconnaissant, monsieur, si vous voulez bien me renouveler cette offre une autre fois, mais aujourd'hui, on m'a flatté de l'espoir d'être présenté à madame de Morcerf, et j'attendrai... (Apercevant la comtesse.) Mais, pardon, n'est-ce point elle-même?

SCÈNE VII.

LES MÊMES, MERCÉDÈS.

FERNAND, à Mercédès.

Oui. (se levant.) Que vous arrive-t-il donc? vous êtes horriblement pâle, souffrez-vous? (Monte-Cristo reste immobile et la main sur son cœur.)

MERCÉDÈS.

Non, monsieur, mais j'ai éprouvé une grande émotion, je l'avoue, en voyant pour la première fois celui sans l'intervention duquel nous serions en ce moment dans les larmes et dans le deuil. (S'avançant vers Monte-Cristo.) Monsieur, je vous dois la vie de mon fils, et, pour ce bienfait, je vous bénis; maintenant, je vous rends grâce pour le plaisir que vous me faites en me procurant l'occasion de vous remercier comme je vous ai béni, c'est-à-dire du fond de mon cœur.

MONTE-CRISTO, s'inclinant.

Madame, vous me récompensez trop généreusement d'une action bien simple; sauver un homme, épargner un tourment à un père, ménager la sensibilité d'une femme, ce n'est pas faire une bonne œuvre, c'est accomplir seulement un acte d'humanité.

MERCÉDÈS.

Il est heureux pour mon fils, monsieur, de vous avoir pour ami, et je rends grâce à Dieu qui a fait les choses ainsi.

FERNAND.

Madame, j'ai déjà fait mes excuses à M. le comte d'être obligé de le quitter, et vous les lui renouvellerez, je vous prie; mais nous avons séance extraordinaire, elle s'ouvre à dix heures, et à onze je dois parler.

MERCÉDÈS.

Allez, monsieur, je tâcherai de faire oublier votre absence à notre hôte.

FERNAND.

M. le comte!

MONTE-CRISTO.

Monsieur !   (Fernand sort.)

SCÈNE VIII.

MERCÉDÈS debout, MONTE-CRISTO.

MERCÉDÈS, d'une voix émue.

M. le comte de Monte-Cristo nous fera-t-il la grâce de demeurer le reste de la journée avec nous ?

MONTE-CRISTO.

Merci, madame, et vous me voyez, croyez-le bien, on ne peut plus reconnaissant de votre offre. Mais je suis descendu ce matin à votre porte de ma voiture de voyage. Comment suis-je installé à Paris? Je l'ignore. Où le suis-je? Je le sais à peine. C'est une inquiétude légère, je le sais, mais appréciable, cependant.

MERCÉDÈS.

Nous aurons ce plaisir une autre fois, au moins, vous me le promettez (Elle sonne.) Dites à mon fils que M. le comte va se retirer.

MONTE-CRISTO, regardant le portrait du comte.

C'est le portrait de M. de Morcerf, madame?

MERCÉDÈS.

Oui, monsieur.

MONTE-CRISTO.

Il porte l'uniforme grec?

MERCÉDÈS.

Mon mari a été trois ans au service d'Ali Tebelin, pacha de Janina, un des derniers serviteurs qui lui soient restés fidèles, et il avoue fièrement que notre peu de fortune nous vient des libéralités que ce grand homme lui a faites par reconnaissance au moment de sa mort.

MONTE-CRISTO, s'inclinant du côté de Mercédès.

Quant à celui-ci, madame ?

MERCÉDÈS.

Vous le voyez, c'est le mien. Le mien quand j'étais jeune, hélas !

MONTE-CRISTO.

C'est un costume de fantaisie que vous portez là, si je ne me trompe, celui de la petite colonie de Catalans qui est aux environs de Marseille.

MERCÉDÈS.

Oui, M. le comte m'a vue autrefois sous ce costume, et depuis mon mariage, il a désiré avoir ce portrait comme un souvenir.

MONTE-CRISTO.

Je comprends : quiconque vous a vue sous ce costume, madame, a dû ne pas vous oublier.

SCÈNE IX.

LES MÊMES, ALBERT.

ALBERT.

Me voilà, ma mère.

MERCÉDÈS, tombant sur un fauteuil.

Il était temps, j'étouffe !

ALBERT.

Comment ! vous nous quittez déjà, mon cher comte ?

MONTE-CRISTO.

J'ai fait valoir près de madame la comtesse, pour ce prompt départ, des motifs qu'elle a bien voulu apprécier.

ALBERT.

Allons donc, je ne vous retiens plus, je ne veux pas que notre reconnaissance devienne une indiscrétion ou une importunité. Mais laissez-moi essayer, je vous prie, de vous rendre à Paris, votre hospitalité de Rome. Permettez que je mette mon coupé et mes chevaux à votre disposition, jusqu'à ce que vous ayez eu le temps de monter vos équipages.

MONTE-CRISTO.

Merci, mille fois, de votre obligeance, vicomte, mais je pense que M. Bertuccio, mon intendant, aura convenablement employé les cinq jours pendant lesquels il a dû me précéder, et je dois trouver à la porte une voiture quelconque toute attelée. Seulement, dites-moi, suis-je bien loin de la rue du Mont-Blanc ?

ALBERT.

A cent pas. Vous allez rue du Mont-Blanc en sortant d'ici ?

MONTE-CRISTO.

Oui, chez M. Danglars, un banquier.

MERCÉDÈS, vivement.

Vous connaissez M. Danglars ?

MONTE-CRISTO.

Non, madame, pas le moins du monde, je ne connais personne, j'ai des lettres de crédit sur lui, voilà tout. Il est bon ?

ALBERT.

Excellent ! (A demi-voix.) C'est mon futur beau-père.

MONTE-CRISTO.

Oh ! comme cela se trouve, mes relations d'argent et mes relations d'amitié ne sortiront pas de la famille.

ALBERT.

Merci !

MONTE-CRISTO, s'inclinant.

Madame !

ALBERT, il veut l'accompagner.

Permettez, cher comte...

MONTE-CRISTO, l'arrêtant.

Oh ! par exemple ! (Il sort.)

SCÈNE X.

ALBERT, MERCÉDÈS.

ALBERT, revenant à Mercédès.

Ah! mon Dieu! qu'avez-vous, mais vous vous trouvez mal?

MERCÉDÈS.

En effet, je suis un peu indisposée. Ces roses, ces tubéreuses, ces fleurs d'oranger dégagent, pendant les premières chaleurs auxquelles on ne les a point accoutumées de si violens parfums.

ALBERT.

Germain! Germain! enlevez ces fleurs à l'instant.

MERCÉDÈS, après un instant de silence.

Qu'est-ce donc que ce nom de Monte-Cristo que porte le comte? Est-ce un nom de famille, un nom de terre, un simple titre?

ALBERT.

C'est, je crois, un titre, ma mère, et voilà tout.

MERCÉDÈS.

Ses manières sont excellentes, du moins à ce que j'ai pu juger par les courts instans qu'il a passés ici.

ALBERT.

Parfaites, ma mère.

MERCÉDÈS.

Vous avez vu, mon cher Albert... pardon, c'est une question de mère que je vous fais là... vous avez vu M. de Monte-Cristo dans son intérieur?

ALBERT.

Oui.

MERCÉDÈS.

Vous avez l'habitude du monde, plus de tact qu'on n'en a d'ordinaire à votre âge. Dites-moi, croyez-vous que le comte soit ce qu'il paraît être?

ALBERT.

Et que paraît-il être, ma mère?

MERCÉDÈS.

Vous l'avez dit vous-même à l'instant, un grand seigneur.

ALBERT.

Je n'ai pas, je vous l'avouerai, d'opinion bien arrêtée sur lui; je le crois Maltais.

MERCÉDÈS.

Je ne vous interroge pas sur son origine, je vous interroge sur sa personne.

ALBERT.

Mais vous avez dû voir, trente-cinq à trente-six ans, ma mère.

MERCÉDÈS, à elle-même.

Trente-cinq à trente-six ans, c'est impossible.—Avez-vous remarqué comme il est pâle?

ALBERT.

Oui, et je lui ai demandé la cause de cette pâleur, il m'a dit qu'ayant été pris par les barbaresques, il était resté longtemps prisonnier dans un souterrain.

MERCÉDÈS.

Prisonnier! Et cet homme s'est pris d'amitié pour vous, Albert?

ALBERT.

Je le crois, ma mère.

MERCÉDÈS.

Et vous l'aimez aussi?

ALBERT.

Oui, quoique cette amitié, je l'avoue, soit mêlée d'une certaine terreur.

MERCÉDÈS.

Albert, je vous ai toujours mis en garde contre les nouvelles connaissances, maintenant vous êtes homme et vous pouvez me donner des conseils à moi-même. Cependant je vous répéterai : soyez prudent.

ALBERT.

Encore faudrait-il, chère mère, pour que le conseil me fût profitable, que je susse de quoi me défier; Le comte ne joue jamais. Le comte ne boit que de l'eau. Le comte s'est annoncé à moi si riche que, sans se faire rire au nez, il ne saurait m'emprunter d'argent, que voulez-vous donc que je craigne de la part du comte?

MERCÉDÈS.

Tu as raison, et mes terreurs sont folles, ayant surtout pour objet un homme qui t'a sauvé la vie, pouvant te laisser périr. Mais, tu le sais, mon cher Albert, le cœur d'une mère est plein de craintes vagues. Jamais le comte vous a-t-il serré la main?

ALBERT.

Jamais, et je l'ai remarqué.

MERCÉDÈS.

Jamais vous a-t-il appelé son ami?

ALBERT.

Jamais non plus.

MERCÉDÈS.

Enfin jamais a-t-il mangé à la même table que vous, soit que vous fussiez son convive, soit qu'il fût le vôtre!

ALBERT.

Jamais. Et aujourd'hui encore vous avez vu?

MERCÉDÈS.

Oui, oui, j'ai vu. Ecoutez, je donnerai un bal dans trois jours. Amenez le comte, il le faut.

ALBERT.

Je l'y amènerai, ma mère, et je ne crois pas qu'il se défende d'y venir.

MERCÉDÈS.

S'il vient, le reste me regarde, et je saurai à quoi m'en tenir. Au revoir, Albert. Tâchez que le comte soit votre ami.

DEUXIÈME TABLEAU.

Un salon chez Monte-Cristo. — Au fond, un boudoir moresque fermé par de grandes portières.

SCÈNE I.

MONTE-CRISTO, BERTUCCIO, ALI.

MONTE-CRISTO.

M. Bertuccio, j'ai vu de pauvres marbres dans cette antichambre que je viens de traverser. J'espère qu'on m'enlèvera tout cela.

BERTUCCIO.

Excellence, je n'ai pas eu le temps.

MONTE-CRISTO.

M. Bertuccio, voilà un mot que je ne permets pas de prononcer à un homme que j'ai envoyé cinq jours avant moi à Paris, avec cinq cent mille livres. Le temps, c'est l'argent, M. Bertuccio.

BERTUCCIO.

Mais, monseigneur, je n'ai pas tout dépensé, il me reste deux cent mille livres.

MONTE-CRISTO.

Eh ! Monsieur, il fallait dépenser vos deux cent mille livres jusqu'au dernier sou , et ne pas me compromettre avec de pareils marbres, vous avez un reste de lésinerie corse, mon cher M. Bertuccio, qui me fait sauter au plafond.

BERTUCCIO.

Et le salon, monseigneur en est-il plus satisfait au moins ?

MONTE-CRISTO.

Maintenant j'ai quelques ordres à vous donner.

BERTUCCIO.

Parlez, excellence.

MONTE-CRISTO.

Appelez Baptistin.

BERTUCCIO, à Baptistin.

Venez.

MONTE-CRISTO.

M. Baptistin, depuis un an vous êtes à mon service; c'est le temps d'épreuve que j'impose d'ordinaire à mes gens ; vous me convenez, (Baptistin s'incline) reste à savoir maintenant si je vous conviens ?

BAPTISTIN.

Oh! Excellence !

MONTE-CRISTO.

Ecoutez jusqu'au bout. Vous gagnerez par an deux mille livres, c'est-à dire la solde d'un bon et brave officier qui risque tous les jours sa vie. Vous avez une table telle que beaucoup de malheureux serviteurs de l'Etat, infiniment plus occupés que vous, en désireraient une pareille. Domestique, vous avez vous-même des domestiques qui ont soin de votre linge, de vos effets. Outre vos deux mille livres de gages, vous me volez sur les achats que vous faites sur ma toilette à peu près mille autres francs par an.

BAPTISTIN.

Oh! Excellence!

MONTE-CRISTO.

Je ne me plains pas, monsieur Baptistin. Cependant, je désire que cela s'arrête à ce point. Vous ne trouveriez donc nulle part une condition pareille à celle que votre bonne fortune vous a donnée. Je ne bats jamais mes gens, je ne jure jamais, je ne me mets jamais en colère, je pardonne toujours une erreur, jamais une négligence ou un oubli ; mes ordres sont d'ordinaire courts, mais clairs et précis; j'aime mieux les répéter à deux fois et même à trois, que de les voir mal interprétés. Je suis assez riche pour savoir tout ce que je veux savoir, et je suis fort curieux, je vous en préviens; si j'apprenais donc que vous ayez parlé de moi en bien ou en mal, commenté mes actions, surveillé ma conduite, vous sortiriez de chez moi à l'instant même. Je n'avertis jamais mes domestiques qu'une fois; vous voilà averti, allez (Baptistin s'incline et s'apprête à sortir.) A propos, j'oubliais de vous dire que chaque année je place une certaine somme sur la tête de mes gens, ceux que je renvoie perdent nécessairement cet argent, qui profite à ceux qui restent. Voilà un an que vous êtes chez moi, votre fortune est commencée, continuez-là.

(Ali entre.)

BAPTISTIN.

Je tâcherai de me conformer en tout point aux désirs de Votre Excellence; d'ailleurs, je me modelerai sur M. Ali.

MONTE-CRISTO.

Oh! pas du tout, Ali a beaucoup de défauts mêlés à ses qualités; ne prenez donc pas exemple sur lui, car Ali est une exception. Ali n'a point de gages, Ali n'est pas un domestique, c'est mon esclave, c'est mon chien. Si Ali manquait à son devoir, je ne le chasserais pas, je le tuerais. Vous doutez? N'est-ce point vrai, Ali? (Ali s'approche, met un genou en terre et baise respectueusement la main de son maître.) Maintenant, Allez. (Ali et Baptistin sortent.)

SCÈNE II.

MONTE-CRISTO, BERTUCCIO.

MONTE-CRISTO.

Et maintenant vous dites que vous avez logé Haydée dans cette aile de bâtiment ?

BERTUCCIO.

Ces rideaux ferment son boudoir.

MONTE-CRISTO.

Avez-vous trouvé quelque chose de présentable pour cette pauvre enfant?

BERTUCCIO.

Une merveille! Un marabout mauresque, exécuté par deux sculpteurs tunisiens, qu'un artiste avait ramenés à Paris. C'est cela qui m'a déterminé à acheter la maison pour M. le comte.

MONTE-CRISTO.

Vraiment? Faites-lui demander si elle peut me recevoir.

HAYDÉE, appelant.

Monseigneur! monseigneur!

BERTUCCIO tire les rideaux et sort.

SCÈNE III.

HAYDÉE, MONTE-CRISTO.

HAYDÉE.

Pourquoi me fais-tu donc demander la permission d'entrer chez moi? N'es-tu donc plus mon maître, ne suis-je donc plus ton esclave?

MONTE-CRISTO, s'avançant.

Vous savez, Haydée, que nous sommes en France?

HAYDÉE.

Pourquoi ne me parles-tu pas comme d'habitude? Ai-je commis quelque faute? En ce cas il faut me punir et non pas me dire vous.

MONTE CRISTO.

Haydée, tu sais que tu es en France, et par conséquent que tu es libre.

HAYDÉE.

Libre de quoi faire?

MONTE-CRISTO.

Libre de me quitter.

HAYDÉE.

Et pourquoi te quitterais-je?

MONTE CRISTO.

Que sais-je, moi? Nous allons voir le monde.

HAYDÉE.

Je ne veux voir personne.

MONTE-CRISTO.

Et si, parmi les beaux jeunes gens que tu vas rencontrer, il y en avait quelqu'un qui te plût, je ne serais pas assez injuste...

HAYDÉE.

Je n'ai jamais vu d'homme plus beau que toi, et je n'ai jamais aimé que mon père et toi.

MONTE-CRISTO.

Pauvre enfant! C'est que tu n'as guère jamais parlé qu'à ton père et à moi.

HAYDÉE.

Qu'ai-je besoin de parler à d'autres? Mon père m'appelait sa joie, tu m'appelles ton amour, et tous deux vous m'appelez votre enfant.

MONTE-CRISTO.

Tu te rappelles ton père, Haydée?

HAYDÉE.

Il est là?

MONTE-CRISTO.

Et moi, où suis-je?

HAYDÉE.

Toi, tu es partout.

(Monte-Cristo veut lui baiser la main; elle lui présente son front.)

MONTE-CRISTO.

Maintenant, Haydée, tu sais que tu es libre, que tu es maîtresse, que tu es reine. Tu peux garder ton costume ou le quitter, à ta fantaisie. Tu resteras quand tu voudras rester. Tu sortiras quand tu voudras sortir. Il y aura toujours une voiture attelée pour toi. Ali et Myrtho t'accompagneront partout et seront à tes ordres. Seulement, une seule chose, je te prie.

HAYDÉE.

Dis.

MONTE-CRISTO.

Garde le secret sur ta naissance; ne dis pas un mot de ton passé; ne prononce devant personne le nom de ton illustre père, ni celui de ta pauvre mère.

HAYDÉE.

Je te l'ai déjà dit, seigneur, je ne verrai personne.

MONTE-CRISTO.

Ecoute, ma fille. Cette réclusion tout orientale sera peut-être impossible à Paris. Continue d'apprendre la vie de nos pays du nord comme tu l'as fait à Florence, à Rome, à Milan et à Madrid; cela te servira toujours, soit que tu continues à vivre ici ou que tu retournes en Orient.

HAYDÉE.

Où que nous retournions en Orient, veux-tu dire, n'est-ce pas, monseigneur?

MONTE-CRISTO.

Oh! tu sais bien que ce n'est jamais moi qui te quitterai. Ce n'est point l'arbre qui quitte la fleur, c'est la fleur qui quitte l'arbre.

HAYDÉE.

Je ne te quitterai jamais; car, j'en suis sûre, je ne pourrais vivre sans toi.

MONTE-CRISTO.

Pauvre enfant! tu dis ce que tu penses à cette heure; mais dans dix ans je serai vieux, tandis que toi, dans dix ans, tu seras toute jeune encore.

HAYDÉE.

Mon père, Ali Tebelis, avait une longue barbe blanche, cela ne m'empêchait pas de l'aimer. Mon père, Ali Tebelin, avait soixante ans et il me paraissait plus beau que tous les jeunes gens que je voyais.

MONTE-CRISTO.

Crois-tu que tu t'habitueras ici ?

HAYDÉE.

Te verrai-je ?

MONTE-CRISTO.

Tous les jours.

HAYDÉE.

Eh! bien, que me demandes-tu donc, seigneur?

MONTE-CRISTO.

Je crains que tu ne t'ennuies.

HAYDÉE.

Non, car, le matin, je penserai que tu viendras; le soir je me rappellerai que tu es venu. D'ailleurs, quand je suis seule, j'ai de riches souvenirs. Je revois d'immenses tableaux, de grands horizons avec le Pinde et l'Olympe dans le lointain; puis j'ai dans le cœur trois sentimens avec lesquels on ne s'ennuie jamais, de la tristesse, de l'amour et de la reconnaissance.

MONTE-CRISTO.

Tu es une digne fille de l'Epire, Haydée, gracieuse et poétique, et l'on voit que tu descends de cette famille de déesses qui est née dans ton pays. Sois donc tranquille, je ferai en sorte que ta jeunesse ne soit point perdue, car, si tu m'aimes comme tu aimais ton père, moi, je t'aime comme mon enfant.

HAYDÉE.

Tu te trompes, je n'aimais pas mon père comme je t'aime. Mon père est mort, et je ne suis pas morte; tandis que toi, si tu mourais, je mourrais.

MONTE-CRISTO.

Tu m'as dit que tu te rappelais ton père, Haydée?

HAYDÉE.

Oh! oui, je le vois encore au moment où il fut tué. Qu'il était beau, qu'il était grand, le visir Ali Tebelin, au milieu des balles, le cimeterre au poing, le visage noir de poudre! Comme ses ennemis fuyaient devant lui!

MONTE-CRISTO.

Et cependant il succomba.

HAYDÉE.

Non, il fut trahi, trahi par le cœur qu'il avait couvert de diamans, par la main à laquelle il avait confié son anneau; il fut trahi, vendu par celui-là même qui aurait dû le défendre.

MONTE CRISTO.

Prends courage, cher enfant, en songeant qu'il y a un Dieu qui punit les traîtres.

HAYDÉE.

Et qui récompense les bons, n'est-ce pas,

Seigneur? Ce Dieu te récompensera de tout ce que tu auras fait pour moi.

BERTUCCIO.

M. le comte?

MONTE-CRISTO.

Eh bien!

BERTUCCIO.

Pardon, excellence; mais vous m'avez dit que, pour le vicomte de Morcerf...

MONTE CRISTO.

Oui, j'y étais toujours, n'est-ce pas? C'est vrai.

HAYDÉE.

Tu t'en vas, monseigneur?

MONTE-CRISTO.

A moins que, pour un instant, tu ne veuilles me prêter cette chambre.

HAYDÉE.

Tout est à toi, monseigneur, en moi et autour de moi.

MONTE-CRISTO.

Eh bien donc, laisse-nous seuls. Peut-être te rappellerai-je.

HAYDÉE.

Appelle, et je viendrai.

MONTE-CRISTO.

Faites entrer le vicomte.

HAYDÉE.

Au revoir.

MONTE-CRISTO.

Si je te rappelle, Haydée, si je te dis parle, tu pourras parler de ton père, de ta mère, de tout, de tout, même de la trahison; seulement, sur ton âme, Haydée, ne prononce pas le nom du traître.

HAYDÉE.

C'est bien, je le garderai là, dût-il me ronger le cœur.

BERTUCCIO.

M. le vicomte.

MONTE CRISTO.

Va.

<hr>

SCÈNE IV.

ALBERT, MONTE-CRISTO.

ALBERT.

En vérité, comte, je marche de merveille en merveille! Je viens de traverser un salon digne en tout point du palais d'Aladin, et voilà que vous m'introduisez dans le boudoir d'une Péri.....

MONTE-CRISTO.

Prendriez-vous une tasse de thé, vicomte?

ALBERT.

Ma foi, volontiers!

MONTE-CRISTO frappe sur un timbre.

Et d'où venez vous, comme cela?

ALBERT.

A propos, j'oubliais. De chez M. Danglars,
que j'ai trouvé encore tout ébouriffé de votre
crédit illimité.

MONTE-CRISTO.

Pauvre homme! (à Baptistin, qui entre avec
le thé.) Posez cela ici, bien!

ALBERT.

En vérité, ce que j'admire en vous, mon
cher comte, ce n'est point votre richesse: peut-
être y a-t-il des gens plus riches que vous; ce
n'est pas votre esprit: Beaumarchais n'en avait
pas plus, mais peut-être en avait-il autant;
non, c'est votre manière d'être servi à l'instant, à la minute, sans avoir besoin de donner un ordre, comme si l'on devinait, à la manière dont vous sonnez ou dont vous frappez,
ce que vous désirez avoir, et comme si ce que
vous désirez avoir était toujours prêt.

MONTE-CRISTO.

Ce que vous dites est un peu vrai; on sait
mes habitudes. Ne désirez-vous pas faire quelque chose en buvant votre thé?

ALBERT.

Pardieu, je désire fumer.
(Monte-Cristo s'approche du timbre et frappe
deux coups.)
Et qui appelez-vous?

MONTE-CRISTO.

J'appelle Ali.

ALBERT.

Et le voici! (Ali paraît avec deux chibouques
toutes bourrées.) Merveilleux!

MONTE-CRISTO.

Non, c'est tout simple. Ali sait qu'en prenant le thé ou le café je fume ordinairement;
il sait que j'ai demandé du thé; il sait que je
suis rentré avec vous: il entend que je l'appelle, et comme il est d'un pays où l'hospitalité s'exerce avec la pipe surtout, au lieu d'une
chibouque, il en apporte deux, voilà tout.

ALBERT.

Certainement, c'est une explication comme
une autre: mais il n'en est pas moins vrai
qu'il n'y a que vous... Oh! mais, qu'est-ce que
j'entends là?

MONTE-CRISTO.

Ce que vous avez déjà entendu à Rome, la
guzla d'Haydée.

ALBERT.

Haydée! Quel admirable nom! Il y a donc
des femmes qui s'appellent Haydée autre part
que dans les poèmes de Lord Byron?

MONTE-CRISTO.

Certainement! Haydée est un nom fort rare
en France, mais assez commun en Albanie et
en Epire. C'est comme si vous disiez, par
exemple, chasteté, pudeur, innocence. C'est

une espèce de nom de baptême, comme vous
dites, vous autres Parisiens.

ALBERT.

Oh! comme c'est charmant, et que je voudrais voir nos Françaises s'appeler: mademoiselle Bonté, mademoiselle Silence, mademoiselle Charité. Supposez, par exemple, que mademoiselle Danglars, ma future, au lieu de
s'appeler Claire - Marie - Eugénie, s'appelle
Chasteté-Pudeur-Innocence Danglars. Peste,
quel effet cela ferait dans une publication de
bans!

MONTE-CRISTO.

Fou! ne parlez pas si haut, Haydée pourrait
vous entendre.

ALBERT.

Et elle se fâcherait?

MONTE-CRISTO.

Non pas.

ALBERT.

Elle est bonne personne?

MONTE-CRISTO.

Une esclave ne se fâche pas avec son maitre.

ALBERT.

Allons donc! ne plaisantez pas vous-même.
Est-ce qu'il y a encore des esclaves?

MONTE-CRISTO.

Sans doute, puisque Haydée est la mienne.

ALBERT.

En effet, vous n'avez rien et ne faites rien
comme les autres, vous: esclave de M. le
comte de Monte-Cristo, c'est une position en
France, et, à la façon dont vous remuez l'or,
mais c'est une place qui doit valoir cent mille
écus par l'an.

MONTE-CRISTO.

Cent mille écus! qu'est-ce que cela pour
Haydée? Elle était venue au monde couchée
sur des trésors près desquels ceux des *Mille
et une nuits* sont bien peu de chose.

ALBERT.

C'est donc une princesse?

MONTE-CRISTO.

Vous l'avez dit, et même une des plus grandes princesses de son pays.

ALBERT.

Mais comment une grande princesse est-
elle devenue esclave?

MONTE-CRISTO.

Comme Denys-le-Tyran est devenu le maitre
de Syracuse. Le hasard de la guerre, mon cher
vicomte, le caprice de la fortune.

ALBERT.

Et son nom est un secret?

MONTE-CRISTO.

Pour tout le monde, oui. Mais pour vous
qui êtes de mes amis, non; à la condition, tou
tefois, que vous jurerez de vous taire

ALBERT.

Oh! parole d'honneur!

MONTE-CRISTO.

Vous connaissez l'histoire du pacha de Janina?

ALBERT.

D'Ali Tebelin? sans doute, puisque c'est à son service que mon père a fait fortune. Eh bien! qu'est Haydée à Ali Tebelin?

MONTE-CRISTO.

Sa fille, tout simplement.

ALBERT.

Comment, la fille d'Ali Pacha?

MONTE-CRISTO.

Et de la belle Vasiliki.

ALBERT.

Elle est votre esclave?

MONTE-CRISTO.

O mon Dieu, oui...

ALBERT.

Comment l'est-elle devenue?

MONTE-CRISTO.

Oh! de la façon la plus simple. Un jour que je passais sur le marché de Constantinople, je l'ai achetée.

ALBERT.

C'est splendide, mon cher comte. Avec vous, on ne vit pas, on rêve. Eh bien! je vous prie, présentez-moi à votre princesse.

MONTE-CRISTO.

Volontiers, mais à deux conditions.

ALBERT.

Je les accepte d'avance.

MONTE-CRISTO.

La première, c'est que vous ne conflerez jamais à personne cette présentation.

ALBERT.

Très bien; je le jure.

MONTE-CRISTO.

La seconde, c'est que vous ne lui direz pas que votre père a servi le sien.

ALBERT.

Je le jure encore.

MONTE-CRISTO.

Très bien. Je vous sais homme d'honneur; vous vous rappellerez ces deux sermens. (Il frappe sur le timbre. Ali paraît.) Préviens Haydée que je désire qu'elle vienne prendre une tasse de thé avec nous, et fais-lui comprendre que je veux lui présenter un de mes amis.

ALBERT.

Mais comment va-t-il lui faire comprendre le désir que vous avez exprimé, puisqu'il est muet?

MONTE-CRISTO.

Tenez, voici ma réponse.

SCÈNE V.

LES MÊMES, HAYDÉE.

HAYDÉE à Monte-Cristo, qui est venu au devant d'elle.

Qui m'amènes-tu? Un frère, un ami, une simple connaissance ou un ennemi?

MONTE-CRISTO.

Un ami.

HAYDÉE.

Sois le bien-venu, ami qui viens avec mon seigneur et mon maître. Assieds-toi dans ma maison.

(Albert présente sa pipe à Ali.)

MONTE-CRISTO.

Oh! gardez! Haydée est presque aussi civilisée qu'une Parisienne: le havane lui est désagréable parce qu'elle déteste les mauvaises odeurs, mais le tabac d'Orient est un parfum, et Haydée aime les parfums.

ALBERT.

Mon cher hôte, et vous madame, excusez ma stupéfaction; je suis tout étourdi, et c'est assez naturel. Voici que je retrouve l'Orient, l'Orient véritable, non pas, malheureusement tel que je l'ai vu, mais tel je l'ai rêvé. Tout-à-l'heure j'entendais rouler les omnibus et tinter les sonnettes des marchands de limonade, et me voilà tout-à-coup transporté à cinq cents lieues, mille lieues de Paris; me voilà au Caire, à Bagdad, à Samarcande. Oh! dites-moi, comte, de quoi puis-je lui parler?

MONTE-CRISTO.

Mais de tout ce que vous voudrez: de son pays, de sa jeunesse, de ses souvenirs, puis, si vous l'aimez mieux, de théâtre, de bals, de bijoux.

ALBERT.

Oh! ce ne serait point la peine d'avoir une Grecque devant soi pour lui parler de tout ce dont on parlerait à une Parisienne. Laissez-moi lui parler de l'Orient, comte.

MONTE-CRISTO.

Faites; c'est la conversation qui lui est la plus agréable.

ALBERT.

A quel âge madame a-t-elle quitté la Grèce?

HAYDÉE.

A cinq ans.

ALBERT.

Et vous vous rappelez votre patrie?

HAYDÉE.

Quand je ferme les yeux, je revois tout ce que j'ai vu. Il y a deux regards : le regard du corps et le regard de l'âme. Le regard du corps peu oublier parfois, celui de l'âme se souvient toujours.

ALBERT.

Et quel est le temps le plus éloigné dont vous puissiez vous souvenir?

HAYDÉE.

Je marchais à peine. Ma mère, que l'on appelait Vasiliki, (avec fierté) Vasiliki veut dire royale, ma mère me prenait par la main, et toutes deux, couvertes d'un voile, après avoir mis d'abord au fond de la bourse tout l'or que nous possédions, nous allions demander l'aumône pour les prisonniers, en disant : Celui qui donne aux pauvres prête à l'Éternel! Puis, quand notre bourse était pleine, nous rentrions au palais, et, sans rien dire à mon père, nous envoyions tout cet argent qu'on nous avait donné, nous prenant pour de pauvres femmes, à l'hégoumenos du couvent, qui le répartissait entre les prisonniers.

ALBERT.

Et à cette époque quel âge aviez-vous?

HAYDÉE.

Trois ans!

ALBERT.

Ainsi, votre pèlerinage pour les prisonniers est votre premier souvenir? Quel est le second?

HAYDÉE.

Le second? Je me vois sous l'ombre des sycomores, près d'un lac dont j'aperçois encore, à travers les feuilles, le miroir tremblant; contre le plus vieux et plus touffu de ces arbres, mon père était assis sur des coussins; et moi, faible enfant, tandis que ma mère était couchée à ses pieds, je jouais avec sa barbe blanche, qui descendait sur sa poitrine, et avec le cangiar à poignée de diamant, passé à sa ceinture. Puis, de temps en temps, venait un Albanais, qui lui disait quelques mots, auxquels je ne faisais pas attention, et auxquels mon père répondait du même son de voix : Tuez ou faites grâce.

ALBERT.

C'est étrange, en vérité, d'entendre sortir de pareilles choses de la bouche d'une jeune fille, en se disant : ceci n'est point une fiction. Et avez-vous encore quelqu'autre souvenir ?

HAYDÉE.

Un troisième, un dernier. Un souvenir terrible, celui-là; épargnez-le-moi.

MONTE-CRISTO.

Non; dis.

HAYDÉE.

Je me rappelle une nuit obscure comme celle d'un souterrain. Mon père nous avait cachés là, toutes ses femmes, ses enfans. On vint nous chercher; ma mère et moi, nous montâmes vers le jour, puis on nous conduisait à un kiosque, situé au milieu d'un lac. Quand nous arrivâmes, la voix de mon père tonnait; ma mère s'arrêta toute frissonnante derrière une porte, collant son œil aux fentes de cette porte; une ouverture était devant le mien, je regardai; mon père était couché sur sa peau de lion. Une trentaine de Palikares, restés fidèles, se tenaient à ses côtés. Tout autour du kiosque, étaient des barques chargées de soldats. — Que voulez-vous? criait-il à des hommes qui tenaient un papier avec des caractères d'or tracés à la main.—Ce que nous voulons, dit l'un d'eux, c'est te communiquer la volonté de Sa Hautesse; vois-tu ce firman ? — Eh bien! que demande-t-il?—Il demande ta tête!—Mon père poussa un éclat de rire plus effrayant que n'eût été une menace, et il n'avait pas encore cessé, que deux coups de pistolet étaient partis de ses mains et avaient tué deux hommes. Les Palikares qui entouraient mon père firent feu, et la chambre se remplit de fumée et de flammes. A l'instant même, le feu commença de tous côtés, et les balles vinrent trouer les planches autour de nous. Oh! qu'il était grand, le visir Ali-Tebelin, mon père! comme ses ennemis fuyaient! Quand tout à coup une détonation sourde se fit entendre, et le parquet vola en éclats tout autour de mon père. Un traître avait introduit les ennemis dans une salle basse, et ils tuaient à travers le plancher; mon père rugit, enfonça ses doigts dans les trous des balles et arracha une planche toute entière. Mais, en même temps, par cette ouverture, vingt coups de feu éclatèrent, et la flamme, jaillissant comme d'un cratère, gagna les tentures qu'elle dévora. Au milieu de tout cet affreux tumulte, au milieu de ces cris terribles, deux coups, plus distincts entre tous, deux cris, plus déchirans entre tous les cris, me glacèrent de terreur. Ces deux explosions avaient frappé mortellement mon père, et c'était lui qui avait poussé ces deux cris, et, cependant il était resté debout, mais chancelant. soudain le plancher craqua tout entier; mon père tomba sur un genou; vingt bras s'allongèrent, armés de sabres, de pistolets, de poignards; vingt coups frappèrent à la fois un seul homme, et mon père disparut dans un tourbillon de feu, comme si l'Enfer se fût ouvert sous ses pieds. Je me sentis rouler à terre; c'était ma mère qui s'abimait évanouie. Oh! mon Dieu!

MONTE-CRISTO.

Repose-toi, chère enfant! et reprends courage en songeant qu'il y a un Dieu qui punit les traîtres.

ALBERT.

Oh! voilà une épouvantable histoire, comte,

et je me reproche maintenant d'avoir été si cruellement indiscret.

MONTE-CRISTO.

Ce n'est rien. Haydée est une femme courageuse, et elle a souvent trouvé du soulagement dans le récit de ses douleurs.

HAYDÉE.

Parce que mes douleurs me rappellent tes bienfaits, monseigneur.

ALBERT.

Un jour, comte, vous me direz, n'est-ce pas, comment la petite fille de Vasiliki devint votre esclave.

MONTE-CRISTO.

Elle va vous le dire elle-même.

HAYDÉE.

Tu le veux ?

MONTE-CRISTO.

Je t'en prie.

HAYDÉE.

On nous mena, ma mère et moi, devant le chef des troupes du sultan. Tue-moi, dit ma mère, mais épargne l'honneur de la veuve du sultan Ali. — Ce n'est point à moi qu'il faut t'adresser, répondit le seraskier. — Et à qui donc ? demanda ma mère. — A ton nouveau maître. — Quel est-il ? — Le voici. — Et le seraskier nous montra le traître qui avait vendu mon père au sultan, celui-là qui avait véritablement tué mon père.

ALBERT.

Et alors vous devintes la propriété de cet infâme ?

HAYDÉE.

Non, il n'osa nous garder. Il nous vendit à des marchands d'esclaves qui allaient à Constantinople. Nous traversâmes la Grèce et nous arrivâmes mourantes à la porte Impériale, encombrée de curieux qui s'ouvraient pour nous laisser passer. Quand tout à coup ma mère lève les yeux, jette un cri et tombe en me montrant une tête au-dessus de cette porte. Au-dessus de cette tête étaient écrits ces mots : Cette tête est celle d'Ali-Tebelin, pacha de Janina. J'essayai en pleurant de relever ma mère. Elle était morte !

Je fus menée au bazar. Un riche Arménien m'acheta, me fit instruire, me donna des maîtres, et, quand j'eus treize ans, m'a vendue au sultan Mamboud.

MONTE-CRISTO.

Auquel je la rachetai, je vous l'ai dit, pour une émeraude pareille à celle où je mets mes pilules de hatschich.

HAYDÉE.

Oh! tu es bon, tu es grand, monseigneur, et je suis bien heureuse de t'appartenir.

MONTE-CRISTO.

Achevez donc votre tasse de thé, Albert, l'histoire est finie.

ALBERT.

Oh ! c'est odieux. Et cet homme, cet infâme, ce traître, ce misérable qui vous a vendue a-t-il été puni, au moins ?

MONTE-CRISTO.

Non, mais il le sera.

BERTUCCIO.

Excellence !

MONTE-CRISTO.

Qu'y a-t-il ?

BERTUCCIO.

M. le comte de Morcerf demande si votre excellence est visible ?

MONTE-CRISTO.

Votre père, Albert ?

ALBERT.

Oui, il vient vous inviter, je pense, à une soirée que donne, après-demain, ma mère.

MONTE-CRISTO.

Allez le recevoir au salon, Albert, je vous suis.

ALBERT.

Mais Haydée ?

MONTE-CRISTO.

Soyez tranquille.

ALBERT.

Ah! pauvre et noble créature !

MONTE-CRISTO à Bertuccio.

Où est le comte ?

BERTUCCIO.

A la porte, dans sa voiture.

MONTE-CRISTO.

Faites-lui traverser la cour à pied, allez.

SCÈNE VI.

MONTE-CRISTO, HAYDÉE.

MONTE-CRISTO.

Haydée.

HAYDÉE.

Me voilà.

MONTE-CRISTO.

Tu te demandes pourquoi je t'ai forcée à rappeler les terribles souvenirs, n'est-ce pas mon enfant ?

HAYDÉE.

Oui, car tu es bon seigneur, et tu sais que toutes les fois que je pense à mon père, ma douleur est grande.

MONTE-CRISTO.

Tu aimerais à le venger, alors ?

HAYDÉE.

Tu le disais tout-à-l'heure, je suis une fille de l'Épire, et pour toute fille de l'Épire, la vengeance est un devoir. Mais où le retrouver, cet infâme Fernand?

MONTE-CRISTO.

Viens.

HAYDÉE.

Que veux-tu?

MONTE-CRISTO.

Viens.

HAYDÉE.

Me voici, monseigneur.

MONTE-CRISTO.

Regarde.

HAYDÉE.

Quoi?

MONTE-CRISTO.

Cet homme qui traverse la cour avec Bertuccio. Le connais-tu?

HAYDÉE.

Mon Dieu! mon Dieu! Est-ce un rêve, une apparition? Lui! lui!

MONTE-CRISTO.

Qui lui?

HAYDÉE.

Lui le traître, lui le misérable... lui qui a vendu mon père, lui Fernand!

MONTE-CRISTO.

Tu te trompes, Haydée; cet homme, c'est le comte de Morcerf, pair de France.

HAYDÉE.

Et moi je te dis que c'est l'Espagnol Fernand, le traître, l'infâme Fernand.

MONTE-CRISTO.

Sois tranquille, mon enfant; nous saurons bien si le comte de Morcerf, qui a épousé la Catalane Mercédès, est le même que ce colonel Fernand qui a vendu son bienfaiteur Ali, pacha de Janina.

HAYDÉE.

Et alors...

MONTE-CRISTO.

Alors, sois tranquille, tu seras vengée.

HAYDÉE.

O mon père! mon père! tu l'entends, celui qui n'a jamais menti.

ACTE DEUXIÈME.

TROISIÈME TABLEAU.

Chez madame de Morcerf. Une serre magnifiquement éclairée.

SCÈNE I.

MERCÉDÈS, ALBERT, puis Mme DANGLARS. UN GROUPE DE CAUSEURS, au fond.

MERCÉDÈS, à Albert.

J'ai peur qu'il ne vienne pas.

ALBERT.

Oh! il viendra, je vous en réponds, moi; j'ai sa parole.

MERCÉDÈS.

Tenez, voici madame Danglars; allez-donc au devant d'elle.

ALBERT.

J'y vais, ma mère.

Mme DANGLARS.

Ah! ma chère, mais vous avez donc invité tout Paris, vous avez une queue comme à *Robert-le-Diable*.

MERCÉDÈS.

Quelle charmante toilette vous avez! Il n'y a que vous pour vous mettre avec ce goût-là.

Mme DANGLARS, à Albert, qui regarde vers le fond.

Vous cherchez ma fille, n'est-ce pas?

ALBERT.

Je l'avoue. Auriez-vous eu la cruauté de ne pas nous l'amener?

Mme DANGLARS.

Rassurez-vous, elle a rencontré mademoiselle de Villefort et a pris son bras. Tenez, les voici toutes deux, en robes blanches, l'une avec un bouquet de camélias, l'autre de myosotis. Vous irez les saluer tout à l'heure. Il me semble que j'ai bien le droit de vous garder un peu aussi.

ALBERT.

Comment donc? à vos ordres. Mais qui cherchez-vous à votre tour?

Mme DANGLARS.

Est-ce que vous n'avez pas vu, ce soir, le comte de Monte-Cristo?

ALBERT.

Bon! dix-sept!

Mme DANGLARS.

Que voulez-vous dire?

ALBERT.

Je veux dire que vous êtes la dix-septième personne qui me fait la même question. Il va bien, le comte, je lui en fais mon compliment.

Mme DANGLARS.

Et répondez-vous à tout le monde comme à moi?

ALBERT.

Ah! c'est vrai je ne vous ai pas répondu.
Rassurez-vous, madame, nous aurons l'homme
à la mode, nous sommes privilégiés.

Mme DANGLARS.

Etiez-vous hier à l'Opéra?

ALBERT.

Non.

Mme DANGLARS.

Il y était, lui.

ALBERT.

Ah! vraiment! et l'excentric-man a-t-il
fait quelque nouvelle originalité?

Mme DANGLARS.

Eh! bon Dieu! peut-il se montrer sans
cela? Elssler dansait dans le *Diable boiteux.*
La princesse grecque était dans le ravisse-
ment. Après la cachucha, il a passé les tiges
d'un magnifique bouquet de fleurs des Indes
dans une bague superbe et l'a jeté à la charmante danseuse, qui, au troisième acte, a re-
paru, pour lui faire honneur, avec sa bague
au doigt. Et la princesse grecque l'aurez-
vous?

ALBERT.

Non. Il faut que vous vous en passiez,
toute princesse qu'elle est, sa position dans
la maison du comte n'est pas encore assez
fixée.

Mme DANGLARS.

Tenez, laissez-moi et allez saluer madame
de Valgenceuse, je vois qu'elle meurt d'envie
de vous parler.

SCÈNE II.

LES MÊMES, Mme DE VALGENCEUSE.

ALBERT, à madame de Valgenceuse.

Je parie que je sais ce que vous alliez me
lire.

Mme DE VALGENCEUSE

Oh! par exemple!

ALBERT.

Si je devine juste, me l'avouerez-vous?

Mme DE VALGENCEUSE.

Oui.

ALBERT.

D'honneur?

Mme DE VALGENCEUSE.

D'honneur!

ALBERT.

Vous alliez me demander si M. le comte de
Monte-Cristo était arrivé ou s'il devait venir.

Mme DE VALGENCEUSE.

Oh! mon Dieu! j'allais vous demander s'il
était vrai que monsieur Danglars avait perdu
un demi-million sur les coupons espagnols.

ALBERT

C'est possible, mais, en tout cas, je suis sûr
qu'ils sont déjà rattrapés à la Bourse. Il a
vraiment un bonheur insolent. On croirait
qu'il joue à coup sûr, et qu'il sait les nouvelles d'avance.

Mme DE VALGENCEUSE.

Voyons, et maintenant le comte?

ALBERT.

Le comte viendra, soyez tranquille.

Mme DE VALGENCEUSE.

Vous savez qu'il a un autre nom que Monte-Cristo?

ALBERT.

Non, je ne savais pas.

Mme DE VALGENCEUSE.

Monte-Cristo est un nom d'île, et il a un
nom de famille.

ALBERT.

C'est probable, mais jamais je ne l'ai entendu
prononcer.

Mme DE VALGENCEUSE.

Eh bien! je suis plus avancée que vous! il
s'appelle Zaccone.

ALBERT.

C'est possible.

Mme DE VALGENCEUSE.

Il est Maltais.

ALBERT.

C'est possible.

Mme DE VALGENCEUSE.

Fils d'un armateur.

ALBERT.

C'est possible encore.

Mme DE VALGENCEUSE.

Il a servi dans l'Inde, il exploite une mine
d'argent en Thessalie, et il vient à Paris pour
faire un établissement d'eaux thermales à Au-
teuil.

ALBERT.

Eh bien! à la bonne heure! voilà des nouvelles; vous devriez les répéter tout haut, vous
auriez le plus grand succès. Me permettez-vous
de les répandre?

Mme DE VALGENCEUSE.

Oui, mais sans dire qu'elles viennent de moi

ALBERT.

Pourquoi cela?

Mme DE VALGENCEUSE.

Parce que c'est un secret surpris.

ALBERT.

A qui?

Mme DE VALGENCEUSE.

A la police.

ALBERT.

Alors ces nouvelles se débitaient?

Mme DE VALGENCEUSE.

Hier soir chez le préfet. Paris, vous le com

prenez bien, s'est ému à la vue de ce luxe inusité, et le préfet a pris des informations.

ALBERT.

Bon ! pauvre comte ! il ne manquerait plus qu'une chose, c'est qu'on l'arrêtât comme vagabond, sous prétexte qu'il est trop riche.

Mme DE VALGENCEUSE.

Ne riez pas, cela a bien failli arriver, si les renseignemens n'avaient pas été favorables.

ALBERT.

Se doute-t-il au moins du danger qu'il a couru ?

Mme DE VALGENCEUSE.

Je ne crois pas.

ALBERT.

Alors, c'est charité que de l'avertir à son arrivée ; je n'y manquerai pas. Justement voilà Debray. — Debray ! Debray ! par ici.

DEBRAY.

Ah ! c'est vous, très cher.

ALBERT.

Savez-vous ce que madame me disait du comte ?

DEBRAY.

Il paraît que c'est un réfugié polonais, qui a dressé les troupes du pacha d'Egypte et fait la pêche des perles à Ceylan. Le pacha lui a donné je ne sais combien de mille bourses, et, dans la même année, le bonheur a voulu qu'il pêchât pour trois millions de perles.

ALBERT.

Chut ! le voici.

SCÈNE III.

LES MÊMES, MONTE-CRISTO.

ALBERT, allant à lui.

Vous avez vu ma mère ?

MONTE-CRISTO.

Je viens d'avoir l'honneur de la saluer, mais je n'ai pas encore aperçu le comte de Morcerf.

ALBERT.

Tenez, il cause politique là-bas dans ce petit groupe de grandes célébrités.

(Les quadrilles se forment au fond.)

MONTE-CRISTO.

En vérité ! ces messieurs que je vois là-bas sont de grandes célébrités ? je ne m'en serais pas douté. Il y a des célébrités de toute espèce, comme vous savez.

ALBERT.

Je vais vous les dire. Il y a d'abord un savant, le grand monsieur sec. Il a découvert, dans la campagne de Rome, une espèce de lézard qui a une vertèbre de plus que les autres, et il est revenu faire part à l'Institut de cette découverte ; la chose a été contestée longtemps,

mais enfin force est restée au grand monsieur sec.

MONTE-CRISTO.

Et cet autre qui a eu la singulière idée de s'affubler d'un habit bleu brodé de vert, quel peut-il être ?

ALBERT.

O mon Dieu ! le pauvre homme ! ce n'est pas lui qui a eu idée de s'affubler de cet habit-là, c'est la République qui, comme savez, était assez peu artiste, et qui a prié David de dessiner un costume pour les académiciens.

MONTE-CRISTO.

Ah vraiment ! ce monsieur est académicien ! laissez-moi voir s'il vous plaît. Et quel est son mérite ? sa spécialité ?

ALBERT.

Sa spécialité ! Je crois qu'il enfonce des épingles dans la tête des lapins, et qu'il repousse avec des baleines la moelle épinière des chiens.

MONTE-CRISTO.

Et il est de l'Académie des sciences pour cela ?

ALBERT.

Non pas, de l'Académie française.

MONTE-CRISTO.

Mais qu'a donc à faire l'Académie française là dedans ?

ALBERT.

Je vais vous dire, il paraît...

MONTE-CRISTO.

Que ses expériences ont fait faire un grand pas à la science, sans doute ?

ALBERT.

Non, mais il écrit en fort beau style.

MONTE-CRISTO.

Ah ! ah ! voilà qui doit flatter énormément l'amour propre des lapins à qui il enfonce des épingles dans la tête, des chiens dont il repousse la moelle épinière... Et cet autre ?

ALBERT.

L'homme à l'habit bleu barbeau ?

MONTE-CRISTO.

Oui.

ALBERT.

C'est un collègue de mon père, un pair de France. C'est lui qui vient de s'opposer le plus chaudement à ce que la chambre des pairs ait un uniforme. Il a eu un grand succès de tribune à ce propos-là. Il était brouillé avec les gazettes libérales, mais sa noble opposition aux désirs de la cour vient de le raccommoder avec elles. On parle de le nommer ambassadeur.

MONTE-CRISTO.

Et quels sont ses titres à la pairie ?

ALBERT.

Mais il a fait trois ou quatre opéras-comiques,

pris cinq ou six actions au *Siècle*, et voté sept ou huit fois pour le ministère.

MONTE-CRISTO.

Bravo! vicomte. Vous êtes un charmant cicérone. Maintenant vous me rendez un service, n'est-ce pas?

ALBERT.

Lequel?

MONTE-CRISTO.

Vous ne me présenterez pas à ces messieurs, et, s'ils demandent à m'être présentés. Vous me préviendrez.

DANGLARS, entrant, à Monte-Cristo.

Eh! bonsoir, comte.

MONTE-CRISTO, avec froideur.

Ah! c'est vous, baron.

DANGLARS, un peu interdit.

Pourquoi m'appelez-vous baron? Vous savez bien que je ne tiens pas à mon titre (à Albert.) C'est vous qui tenez au vôtre, n'est-ce pas, vicomte?

ALBERT.

Certainement! attendu que, si je n'étais pas vicomte, je ne serais plus rien, tandis que vous, vous pouvez sacrifier votre titre de baron, vous resterez toujours millionnaire.

DANGLARS.

Oui, ce qui me paraît encore le plus beau titre.

ALBERT.

Bon! de quel air vous me dites cela, baron.

MONTE-CRISTO.

Malheureusement, on n'est pas millionnaire à vie comme on est baron, pair de France ou académicien Témoins les millionnaires Franck et Poulman de Francfort, qui viennent de faire faillite.

DANGLARS.

Vraiment!

MONTE-CRISTO.

Ma foi, j'ai reçu la nouvelle, ce soir, par un courrier; j'avais quelque chose comme un million chez eux, mais, averti à temps, j'en ai exigé le remboursement voici un mois à peu près.

DANGLARS.

Eh! monsieur, ils ont tiré sur moi il y a huit jours, pour deux cent mille francs.

MONTE-CRISTO.

Eh! bien, vous voilà prévenu, leur signature vaut cinq pour cent.

DANGLARS.

Oui, mais je suis prévenu trop tard. Malheureusement j'ai fait honneur à leur signature.

MONTE-CRISTO.

Bon! voilà deux cent mille francs bien aventurés.

DANGLARS.

Chut! ne parlez donc pas de cela.

ALBERT, montrant un plateau de glaces.

A madame de Valgenceuse, une glace.

Mme DE VALGENCEUSE.

Volontiers.

ALBERT, à Mercédès qui revient.

Vous voilà, ma mère. (Le valet présente des glaces à Monte-Cristo, qui refuse.)

MONTE-CRISTO.

Merci.

MERCÉDÈS, dans le fond à Albert

Tu vois.

ALBERT, s'avançant.

Comment, comte, vous refusez?

MONTE-CRISTO.

Merci.

ALBERT.

Voyons, il fait une chaleur étouffante.

MONTE-CRISTO.

Merci.

MERCÉDÈS.

Oh! c'est un parti pris (à madame de Valgenceuse.) Voulez-vous donner votre bras à M. Danglars, chère amie, j'ai deux mots à dire à Albert (à Albert.) Eh! bien, que vous disais-je?

ALBERT.

Mais en quoi cela peut-il vous préoccuper que le comte refuse de manger une glace?

MERCÉDÈS.

Vous le savez, Albert, les femmes et surtout les mères ont de singulières préoccupations. J'aurais vu avec plaisir le comte prendre quelque chose chez moi, ne fût-ce qu'un grain de grenade. Peut-être, au reste, ne s'accommode-t-il pas des coutumes françaises. Peut-être a-t-il des préférences pour quelque chose.

ALBERT.

Mon Dieu, non, je l'ai vu, en Italie, prendre de tout; sans doute qu'il est mal disposé ce soir.

MERCÉDÈS.

Puis, ayant toujours habité les climats chauds, peut-être encore est-il moins sensible qu'un autre à la chaleur.

ALBERT.

Je ne crois pas que ce soit cette raison, il se plaignait tout-à-l'heure d'étouffer.

MERCÉDÈS.

Oh! décidément, il faut que je m'assure si c'est le hasard. Laissez-moi, Albert. (A Monte-Cristo.) Il fait bien chaud ici, n'est-ce pas, comte?

MONTE-CRISTO.

Puis, vous le savez, madame, la nuit, les fleurs dégagent une certaine quantité de carbone.

MERCÉDÈS, aux valets.

Ouvrez les vasistas.

MONTE-CRISTO.

Prenez garde, madame, avec cette robe légère et sans autre préservatif au cou que cette écharpe de gaze, vous aurez peut-être froid. Il serait prudent, je pense, de rentrer au salon.

MERCÉDÈS.

Non, je reste ici. Voulez-vous me tenir un instant compagnie, comte?

MONTE-CRISTO.

Avec bonheur, madame.

MERCÉDÈS, cueillant une grappe de raisin.

Nos raisins de France ne sont point comparables, je le sais, à vos raisins de Sicile et de Chypre, mais vous serez indulgent, n'est-ce pas, pour notre pauvre soleil d'occident. (Le comte s'incline et fait un pas en arrière.) Comment, vous me refusez?

MONTE-CRISTO.

Je vous prie de m'excuser, madame.

MERCÉDÈS, laissant tomber la grappe.

Oh! encore, encore, comte! en vérité, j'ai du malheur. (Moment de silence.) Monsieur, il y a une touchante coutume arabe qui fait amis éternellement ceux qui ont partagé le pain et le sel sous le même toit.

MONTE-CRISTO.

Je la connais, madame, mais nous sommes en France et non en Arabie; et, en France, il n'y a pas plus d'amitiés éternelles que de partage du pain et du sel.

MERCÉDÈS.

Mais, enfin, comte, enfin, nous sommes amis, n'est-ce pas?

MONTE-CRISTO.

Certainement, que nous sommes amis, madame. Pourquoi ne le serions-nous pas?

MERCÉDÈS.

Merci, monsieur. Est-il vrai que vous avez tant vu, tant voyagé, tant souffert?

MONTE-CRISTO.

J'ai beaucoup souffert, oui, madame.

MERCÉDÈS.

Mais vous êtes heureux maintenant?

MONTE-CRISTO.

Sans doute, et la preuve, c'est que personne ne m'entend me plaindre.

MERCÉDÈS.

Et votre bonheur présent vous fait l'âme plus douce?

MONTE-CRISTO.

Mon bonheur présent égale ma misère passée.

MERCÉDÈS.

N'êtes-vous point marié?

MONTE-CRISTO.

Marié, moi, madame!... Qui a pu vous dire cela?

MERCÉDÈS.

On ne me l'a point dit, mais, plusieurs fois, on vous a vu conduire à l'Opéra une jeune et belle personne.

MONTE-CRISTO.

C'est une esclave que j'ai achetée à Constantinople, madame, une fille de prince, dont j'ai fait ma fille, n'ayant plus d'affection au monde.

MERCÉDÈS.

Alors, vous vivez seul ainsi?

MONTE-CRISTO.

Je vis seul.

MERCÉDÈS.

Vous n'avez pas de sœur, de fils, de père?

MONTE-CRISTO.

Je n'ai personne.

MERCÉDÈS.

Et comment pouvez-vous vivre ainsi, monsieur, sans que rien vous attache à la vie?

MONTE-CRISTO.

Ce n'est pas ma faute, madame; à Malte, j'ai aimé une jeune fille et j'allais l'épouser quand la guerre m'a enlevé loin d'elle comme un tourbillon; j'aurais cru qu'elle m'aimerait assez pour m'attendre, pour demeurer fidèle même à mon tombeau. Quand je suis revenu, elle était mariée. C'est l'histoire de tout homme qui a passé par l'âge de vingt ans. J'avais peut-être le cœur plus faible que les autres: j'ai souffert plus qu'ils n'eussent fait à ma place, voilà tout.

MERCÉDÈS.

Oui, et cet amour vous est resté au cœur. Hélas! on n'aime bien qu'une fois, et vous avez revu cette femme?

MONTE-CRISTO.

Oui.

MERCÉDÈS.

Et lui avez-vous pardonné ce qu'elle vous a fait souffrir?

MONTE-CRISTO.

A elle, oui.

MERCÉDÈS.

Mais à elle seulement alors; et vous haïssez toujours ceux qui vous ont séparé d'elle?

MONTE-CRISTO.

Moi! pas du tout. Pourquoi les haïrais-je?

MERCÉDÈS, lui présentant la pêche.

Pour l'amour d'elle.

MONTE-CRISTO.

Impossible.

ALBERT.

Ma mère! ma mère! savez-vous ce qu'a M

Danglars? il vient de forcer sa femme et Eugénie à quitter le bal.

MERCÉDÈS.

Que m'importe!... Venez ici, Albert. (Prenant sa main et essayant de la joindre à celle de Monte-Cristo.) Nous sommes amis, n'est-ce pas?

MONTE-CRISTO dégageant sa main.

Oh! votre ami, madame, je n'ai point cette prétention, mais, en tout cas, je suis votre bien respectueux serviteur.

MERCÉDÈS.

O mon Dieu! mon Dieu! (Elle sort.)

ALBERT.

Ah! ça, comte, est-ce que vous n'êtes pas d'accord avec ma mère?

MONTE-CRISTO.

Au contraire, puisqu'elle vient de dire devant vous que nous sommes amis.

Mme DE VALGENCEUSE.

Eh bien! M. de Morcerf, avez-vous oublié que je vous attends pour la contredanse!

ALBERT, regardant Monte-Cristo qui s'éloigne.

C'est vrai. Oh! ma mère aurait-elle raison! Venez, madame. (Il l'entraîne vers les quadrilles qui se forment au fond.)

QUATRIÈME TABLEAU.

Le tir Lepage.

SCÈNE I.

ALBERT, UN GARÇON DE TIR.

ALBERT entrant, à Philippe.

Et vous dites que le comte est au tir, n'est-ce pas?

LE GARÇON.

Depuis une demi-heure, oui, M. le vicomte. Entendez-vous? (On entend un coup de pistolet.) Vous connaissez donc ce seigneur?

ALBERT.

Je viens le chercher, c'est mon ami.

LE GARÇON.

Je vais entrer pour le prévenir (Il entre)

SCÈNE II.

ALBERT seul, puis MONTE-CRISTO.

J'espère qu'il ne me refusera pas ce service. Oh! c'est vous, mon ami, venez.

MONTE-CRISTO.

Par quel hasard, ou plutôt par quel bonheur?

ALBERT.

Pardon, de vous poursuivre jusqu'ici, mon cher comte; mais je viens de me présenter chez vous, on m'a dit que vous étiez au tir, et me voici, suis-je indiscret?

MONTE-CRISTO.

Ce que vous me dites là me donne l'espoir que je puis vous rendre quelque service.

ALBERT.

Oui, et même un grand service.

MONTE-CRISTO.

Parlez.

ALBERT.

Je me bats aujourd'hui ou demain.

MONTE-CRISTO.

Vous! et pourquoi faire?

ALBERT.

Pour me battre, parbleu.

MONTE-CRISTO.

Oui, j'entends bien; mais à cause de quoi vous battez-vous? Voilà ce que je veux dire.

ALBERT.

A cause de l'honneur.

MONTE-CRISTO.

Oh! ceci, c'est sérieux (Il rentre dans le vestibule et se lave les mains.)

LE GARÇON.

M. le vicomte?

ALBERT.

Quoi?

LE GARÇON.

Regardez donc, en voilà un drôle de tireur

ALBERT.

Ah! ah! vous étiez en train de jouer au piquet, comte?

MONTE-CRISTO.

Non, j'étais en train de faire un jeu de cartes

ALBERT.

Comment cela?

MONTE-CRISTO.

Ce sont des as et des deux que vous voyez, seulement mes balles en ont fait des trois, des cinq, des sept, des huit, des neuf et des dix.

LE GARÇON, lui montrant une hirondelle.

Et puis, regardez donc.

ALBERT.

Qu'est cela?

LE GARÇON.

Une malheureuse hirondelle, qui a eu l'imprudence de passer.

ALBERT.

Diable, vous tirez bien.

MONTE-CRISTO.

Que voulez-vous vicomte, il faut que j'occupe mes momens de loisirs ; mais, voyons, je vous attends.

ALBERT.

Inutile. Laissez-moi vous dire cela ici ; nous prendrons tout de suite des armes ; et puis je ne suis pas fâché de faire comme vous, si vous consentez à faire la petite démarche que je vous demande, je vous attendrai ici et vous m'y retrouverez.

MONTE-CRISTO.

Alors, causons, mais tranquillement. Avec qui voulez-vous vous battre?

ALBERT.

Avec Beauchamp.

MONTE-CRISTO.

Comment! avec Beauchamp, un de vos amis?

ALBERT.

C'est toujours avec des amis qu'on se bat.

MONTE-CRISTO.

Mais au moins faut-il une raison.

ALBERT.

J'en ai une.

MONTE-CRISTO.

Que vous a-t-il fait?

ALBERT.

Il y a dans son journal d'hier soir... mais tenez, (Il lui donne le journal) lisez vous-même.   (Monte-Cristo déplie le journal.)

ALBERT.

Ici, voyez.

MONTE-CRISTO, lisant.

« On nous écrit de Janina : Un fait jus-
» qu'aujourd'hui ignoré, ou tout au moins
» inédit, est parvenu à notre connaissance.
» Les châteaux qui défendaient la ville de Ja-
» nina ont été livrés aux Turcs par un officier
» français dans lequel le visir Ali Tebelin avait
» mis toute sa confiance, et qui s'appelait Fer-
» nand. On assure que ce même officier, re-
» venu en France, y occupe une position des
» plus élevées.»

Eh! bien, que voyez-vous donc là-dedans qui vous choque?

ALBERT.

Comment! ce que je vois.

MONTE-CRISTO.

Sans doute! que vous importe à vous que les châteaux de Janina aient été livrés par un officier nommé Fernand?

ALBERT.

Voilà en quoi il m'importe, c'est que mon père, le comte de Morcerf, s'appelle, de son nom de baptême, Fernand.

MONTE-CRISTO.

Et votre père servait Ali Pacha?

ALBERT.

Ne le saviez-vous point?

MONTE-CRISTO.

Si fait, mais ce qui ne m'intéresse poin particulièrement, je l'oublie.

ALBERT.

Et vous comprenez bien qu'il faut que je demande satisfaction au misérable.

MONTE-CRISTO.

Ah! ça, vicomte, parlons raison.

ALBERT.

Je ne demande pas mieux.

MONTE-CRISTO.

Voyons, dites-moi un peu qui diable sait, en France, que l'officier Fernand est le même homme que le comte de Morcerf, et qui s'occupe, à cette heure, de Janina, qui a été prise en 1822 ou 23, je crois.

ALBERT.

Eh! voilà justement où est l'infamie. On a laissé le temps passer là-dessus; puis, aujourd'hui, on revient sur des événemens oubliés pour en faire sortir un scandale qui peut ternir une haute position. Eh! bien, moi, héritier unique de mon père, je ne veux pas que, sur ce nom, flotte l'ombre d'un doute. Je vais envoyer à Beauchamp, dont le journal a publié cette note, deux témoins, et il la rétractera ou nous nous battrons.

MONTE-CRISTO.

Et vous allez lui envoyer vos témoins?...

ALBERT.

A l'instant même.

MONTE-CRISTO.

Vous avez tort.

ALBERT.

Et pourquoi voulez-vous que je ne me batte pas, moi?

MONTE-CRISTO.

Ecoutez-moi bien. Je ne vous dis pas que vous ne devez pas vous battre ; je vous dis : un duel est une chose grave et à laquelle il faut réfléchir.

ALBERT.

A-t-il réfléchi, lui, pour insulter mon père?

MONTE-CRISTO.

Voyons, je suppose... je suppose, entendez-vous bien; n'allez pas vous fâcher de ce que je vous dis.

ALBERT.

J'écoute.

MONTE-CRISTO.

Je suppose que le fait apporté soit vrai.

ALBERT.

Monsieur, un fils ne doit point admettre une pareille supposition sur l'honneur de son père.

MONTE-CRISTO.

Eh! mon Dieu! nous sommes dans une époque où l'on admet tant de choses! Voyons,
êtes-vous inaccessible aux bons conseils?

ALBERT.

Non, quand ils me viennent d'un ami.

MONTE-CRISTO.

Me croyez-vous le vôtre?

ALBERT.

Oui.

MONTE-CRISTO.

Eh bien, au lieu d'envoyer vos témoins à
Beauchamp, informez-vous.

ALBERT.

Auprès de qui?

MONTE-CRISTO.

Auprès de qui? Eh! pardieu, près d'Haydée,
si vous voulez.

ALBERT hésitant.

Mettre une femme dans tout cela! Et que
peut-elle y faire?

MONTE-CRISTO.

Vous refusez donc ce moyen?

ALBERT.

Je le refuse.

MONTE-CRISTO.

Absolument?

ALBERT.

Absolument.

MONTE-CRISTO.

Alors, un dernier conseil. N'envoyez pas de
témoins à Beauchamp, pas d'étrangers. Ayez
avec Beauchamp des procédés, de la prudence.
S'il veut bien se rétracter, laissez-lui-en le
mérite. S'il refuse, eh bien, vous n'aurez rien
à vous reprocher.

ALBERT.

Je dois aller trouver Beauchamp moi-même?

MONTE-CRISTO.

Oui. Allez.

ALBERT.

Mais si, malgré toutes mes précautions, si,
malgré tous mes procédés, j'ai ce duel, me
servirez-vous de témoin?

MONTE-CRISTO.

Mon cher vicomte, j'en suis aux regrets,
mais les services que vous me demandez sont
du cercle de ceux que je ne puis rendre.

ALBERT.

C'est bien. Je prendrai Frantz et Chateau
brun.

MONTE-CRISTO.

Prenez; ce sera à merveille.

ALBERT.

Enfin, si je me bats, vous me donnerez bien
une petite leçon d'épée ou de pistolet?

MONTE-CRISTO.

Non, c'est chose impossible.

ALBERT.

Singulier homme que vous faites, allez. Décidément, vous ne voulez vous mêler de rien?

MONTE-CRISTO.

De rien absolument.

ALBERT.

Alors n'en parlons plus.— Adieu, comte.

MONTE-CRISTO.

Adieu.

ALBERT va pour sortir. Il rencontre Beauchamp
à la porte.

SCÈNE III.

LES MÊMES, BEAUCHAMP.

ALBERT.

Ah! en vérité, cela tombe à merveille.

BEAUCHAMP.

Tiens, c'est vous, Albert. Enchanté de vous
rencontrer.

ALBERT.

Moi aussi; j'allais chez vous.

MONTE-CRISTO.

Je vous laisse et rentre chez moi, vicomte.
C'est là que vous me trouverez si je puis vous
être bon à quelque chose.

ALBERT.

Oui, c'est bien, allez.

MONTE-CRISTO.

M. de Beauchamp, au plaisir de vous revoir.

BEAUCHAMP.

A l'honneur, M. le comte.

MONTE-CRISTO à Albert.

Du calme.

ALBERT.

Soyez tranquille, je me contiendrai. (Monte-
Cristo sort.)

SCÈNE IV.

ALBERT, BEAUCHAMP.

BEAUCHAMP.

Vous alliez chez moi?

ALBERT.

Oui.

BEAUCHAMP.

Et que désiriez-vous? Parlez.

ALBERT.

Je désire une rectification.

BEAUCHAMP.

Une rectification, vous! A propos de quoi,
Albert? (étonné) une rectification?

ALBERT.

Oui, sur un fait avancé par votre journal et
qui porte atteinte à l'honneur de ma famille.

BEAUCHAMP.

Allons donc! Dans mon journal? Cela ne
se peut pas. Sur quel fait?

ALBERT.

Sur celui qu'on vous écrit de Janina.

BEAUCHAMP.

De Janina?

ALBERT.

Oui, de Janina. En vérité, vous avez l'air d'ignorer les nouvelles que rapporte votre journal.

BEAUCHAMP.

Ah! ça mais, est-ce que vous croyez que je lis mon journal. Je le fais, c'est bien assez. Philippe, pouvez-vous me procurer l'*Impartial* d'hier?

ALBERT.

Inutile, je l'ai.

BEAUCHAMP.

C'est encore mieux alors. (Albert lui donne le journal. Il lit en bredouillant.) « On nous » écrit de Janina.... »

ALBERT.

Vous comprenez?....

BEAUCHAMP.

Cet officier, ce Fernand, c'est donc votre parent?

ALBERT.

Oui, c'est mon parent.

BEAUCHAMP.

Eh bien! mon ami, que dois-je faire pour vous? dites.

ALBERT.

Je voudrais, mon cher Beauchamp, que vous rétractassiez ce fait.

BEAUCHAMP.

Voyons, ceci va nous entraîner dans une longue discussion.

ALBERT.

Pourquoi?

BEAUCHAMP.

Parce que c'est toujours une grave chose qu'une rétractation. Je vais relire cet article. (Il relit, mais tout haut cette fois.)
« On nous écrit de Janina : Un fait, jus-
» qu'aujourd'hui ignoré ou tout au moins iné-
» dit, est parvenu à notre connaissance. Les
» châteaux qui défendaient la ville de Janina
» ont été livrés aux Turcs par un officier
» français dans lequel le vizir Ali Tebelin avait
» mis toute sa confiance, et qui s'appelait Fer-
» nand. On assure que ce même officier, re-
» venu en France, y occupe une position des
» plus élevées »

ALBERT.

Eh bien, vous le voyez, en face d'une pareille calomnie, il me faut une rétractation.

BEAUCHAMP.

Il vous faut?

ALBERT.

Oui, il me faut.

BEAUCHAMP.

Permettez-moi de vous dire que vous n'êtes point parlementaire, mon cher vicomte...

ALBERT.

Je ne veux pas l'être. Je poursuis la rétractation d'un fait, et je l'obtiendrai. Vous êtes assez mon ami, et comme tel vous me connaissez assez, je l'espère, pour comprendre ma ténacité en pareille circonstance.

BEAUCHAMP.

Si je suis votre ami, Morcerf, vous finirez par me le faire oublier avec des mots pareils à ceux de tout à l'heure. Mais, voyons, ne nous fâchons pas, ou du moins pas encore. Vous êtes inquiet, irrité, piqué. Calmez vous, Albert. Voyons, quel est ce parent à vous qu'on appelle Fernand?

ALBERT.

C'est mon père tout simplement, monsieur. le général Fernand Mondego, comte de Morcerf, un vieux militaire qui a vu vingt champs de bataille, et dont on voudrait couvrir les cicatrices avec la fange impure ramassée dans le ruisseau.

BEAUCHAMP.

C'est votre père, mon ami? C'est autre chose. Alors, oui, je conçois votre indignation. (Il lit tout bas.) Mais où voyez-vous donc que ce soit votre père?

ALBERT.

Nulle part, je le sais bien. Mais d'autres le verront, voilà pourquoi je veux que le fait soit démenti.

BEAUCHAMP.

Vous voulez? Encore, Albert. Je croyais qu'il était arrêté que nous ne nous écririons plus de pareilles expressions.

ALBERT, avec une colère croissante.

Vous démentirez ce fait, n'est-ce pas, Beauchamp?

BEAUCHAMP.

Oui.

ALBERT.

A la bonne heure.

BEAUCHAMP.

Mais quand je serai assuré qu'il est faux

ALBERT.

Vous dites?

BEAUCHAMP.

Je dis que la chose mérite d'être éclaircie et que je l'éclaircirai.

ALBERT.

Mais que voyez-vous à éclaircir dans tout cela, monsieur. Si vous ne croyez pas que ce soit mon père, dites-le tout de suite. Si vous croyez que ce soit lui, rendez moi raison de cette opinion.

BEAUCHAMP.

Monsieur, puisque monsieur il y a, si c'etait pour me demander raison que vous vous apprêtiez à aller chez moi, il fallait le faire d'abord et ne point venir me parler d'amitié et d'autres choses oiseuses comme celles que j'ai la patience d'entendre depuis une demi-heure. Est-ce bien sur ce terrain que nous allons marcher désormais, voyons?

ALBERT.

Oui, si vous ne rétractez pas l'infâme calomnie.

BEAUCHAMP.

Un instant, pas de menaces, M. Fernand Mondego, vicomte de Morcerf. Je n'en souffre pas de mes ennemis, à plus forte raison de mes amis. Donc, vous voulez que je démente le fait sur le colonel Fernand, fait auquel, sur mon honneur, je n'ai pris aucune part.

ALBERT.

Oui, je le veux.

BEAUCHAMP.

Sans quoi nous nous battrons?

ALBERT.

Sans quoi nous nous battrons.

BEAUCHAMP.

Tenez-vous à cette rétractation au point de me tuer, si je ne la fais pas, bien que je vous aie dit, bien que je vous répète, bien que je vous affirme, sur l'honneur, que je ne connaissais point le fait, bien que je vous déclare, enfin, qu'il est impossible à tout autre qu'à un don Japhet comme vous de deviner un comte de Morcerf sous ce nom de Fernand?

ALBERT.

J'y tiens absolument.

BEAUCHAMP.

Eh bien! mon cher monsieur, je consens à me couper la gorge avec vous: dans trois semaines, vous me retrouverez pour vous dire Oui, le fait est faux, je l'efface. Ou bien: Oui, le fait est vrai, et je sors les épées du fourreau, ou les pistolets de la boîte, à votre choix.

ALBERT.

Trois semaines! mais trois semaines sont trois siècles pendant lesquels je suis déshonoré.

BEAUCHAMP.

Si vous étiez resté ce que nous étions hier, je vous eusse dit: Patience! ami. Vous vous êtes fait mon ennemi, je vous dis: Qu'importe à moi! monsieur.

ALBERT.

Eh bien! dans trois semaines, soit, quoique j'ignore ce que vous voulez faire de ces trois semaines. Mais, songez-y, dans trois semaines il n'y aura plus ni délais, ni subterfuge qui puisse vous dispenser.

BEAUCHAMP.

M. Albert de Morcerf, je n'ai le droit de vous tuer que dans trois semaines et vous n'avez le droit de me pourfendre que dans vingt-quatre jours. Nous sommes le 29 du mois d'août, au 21 donc du mois de septembre. Jusque-là, croyez-moi, épargnons-nous des insultes qui ressemblent aux abolemens de deux dogues enchaînés à distance. Si vous avez des commissions pour Janina, je pars ce soir.   (Il salue et sort.)

SCÈNE V.

ALBERT, seul.

Pour Janina! il part pour Janina! Les pistolets n° 3, Philippe, et vingt-cinq balles.
(Il entre dans le tir.)

ACTE TROISIÈME.

CINQUIÈME TABLEAU.

Les corridors de l'Opéra.

SCÈNE I.

LE COMTE DE MORCERF, UNE OUVREUSE, puis DANGLARS.

LE COMTE DE MORCERF. Il entre une lettre à la main et fort agité.

Loge 23, je crois... Oui, c'est bien cela. (A une ouvreuse.) Madame, priez M. le baron Danglars, s'il est dans sa loge, d'en sortir un moment... (L'ouvreuse va à la loge.) Deux secondes d'explication suffiront.

DANGLARS, sortant de sa loge.

Eh! bon soir, mon cher comte.

MORCERF.

Bon soir, baron, j'ai reçu cette lettre aujourd'hui. Est-elle de vous? (Mouvement de Danglars.) Attendez, laissez-moi la lire avant d'y répondre. (Lisant.)

«Mon cher comte, il m'est impossible de
» vous répondre, quant à présent, la réponse
» que vous me demandiez hier. Rien ne presse,
» ma fille a dix-sept ans, votre fils vingt-trois.
» Pendant notre halte, les événemens marche-
» ront; les choses qui paraissent obscures la
» veille sont parfois claires le lendemain

» parfois, aussi, en un jour, tombent les plus
» cruelles calomnies.»

Des calomnies!... des calomnies cruelles...
vous comprenez, M. le baron!... un homme
comme moi, quand on le calomnie, n'a qu'un
desir, qu'une volonté, qu'une exigence...
c'est qu'on le mette en face des calomniateurs!

LES MÊMES, DEBRAY, entrant.

DEBRAY.

Eh bien! messieurs, qu'y a-t-il donc?

DANGLARS.

Il y a, mon cher Debray, que M. le comte de
Morcerf ne veut pas entendre à demi-mot, et
me force à le renvoyer au journal l'*Impartial*,
ce que je fais, mon cher comte. L'*Impartial*
ne coûte pas cher, et se vend partout; ache-
tez le numéro de ce matin, et demain, je crois
que, tout le premier, vous serez assez raisonnable pour ne plus me parler de cette affaire.
(Il rentre. Debray veut le suivre, mais Morcerf le
retient.)

SCÈNE II.

DEBRAY, MORCERF.

MORCERF.

Pardon, monsieur, mais je suis tout étourdi. Que veut dire ce renvoi à un journal. Vous
lisez les journaux, monsieur: le journal l'*Impartial* a-t-il publié, ce matin, quelque chose
d'insultant, de calomnieux sur mon compte?

DEBRAY.

Ma foi, non, je ne sache pas, monsieur, à
moins que...

MORCERF.

A moins que...

DEBRAY.

A moins que ce ne soit vous qui soyez dé-
signé par ce nom de Fernand. Vous êtes-vous
jamais appelé le colonel Fernand?

MORCERF.

Oui, en Grèce, monsieur, je servais Ali-Pacha sous ce nom.

DEBRAY.

Ah! diable!

MORCERF.

Hein! dites, monsieur, qu'y a-t-il?

DEBRAY.

Ma foi, je ne puis faire que ce qu'a fait M.
Danglars. vous renvoyer à l'*Impartial*. (Il rentre dans la loge de Danglars.)

SCÈNE III.

MORCERF, seul.

O mon Dieu! qu'ont-ils pu dire, qu'ont-ils
pu savoir? Le colonel Fernand!... Ali Pacha!...
Du courage, Morcerf. Madame, madame,
pourriez-vous me procurer le journal l'*Impartial*?

SCÈNE IV.

MORCERF, ALBERT.

ALBERT.

Pourquoi faire, mon père?

MORCERF.

Oh! c'est vous; vous, Albert.

ALBERT.

Oui, c'est moi, moi, qui vous ai entendu
prononcer un mot.

MORCERF.

Sais-tu donc de quoi il s'agit?

ALBERT.

Une calomnie, mon père, une infâme calomnie.

MORCERF.

Contre...

ALBERT.

Contre vous. C'est-à-dire contre l'homme le
plus noble, le plus loyal. Imaginez-vous qu'ils
ont eu l'infamie d'écrire... Mais, non, c'est
inutile que je vous dise cela.

MORCERF.

Si fait, il faut savoir.

ALBERT.

Eh bien! oui, vous avez raison, il faut savoir jusqu'où peut aller la haine des envieux.
Eh bien! mon père, ils ont dit que vous, le
défenseur d'Ali Pacha, que vous, dont Ali Tebelin, à sa dernière heure, a reconnu les
loyaux services, en vous enrichissant, ils ont
dit, pardonnez-moi de répéter de pareilles
choses, ils ont dit que vous étiez un traître et
que vous aviez vendu les châteaux de Janina!

MORCERF.

Oh!

ALBERT.

C'est indigne, n'est-ce pas! Aussi j'ai vu M.
de Beauchamp.

MORCERF.

Et...

ALBERT.

J'en aurai raison, et plus tôt que je n'espérais même, car il devait partir pour Janina.

MORCERF.

Pour Janina! il est parti pour Janina!

ALBERT.

Non, il est resté; car j'ai trouvé deux cartes
de lui à la maison, où je ne suis pas rentré
depuis le matin, et sur la seconde, il me
donnait rendez-vous au foyer de l'Opéra, à
neuf heures, il est neuf heures moins cinq mi-

nutes. Voulez-vous rester, où vous retirer,
mon père?

ALBERT.

J'aurai l'honneur d'aller vous présenter mes
respects ce soir.

MORCERF.

Je resterai !

ALBERT.

Bien, vous avez raison, vous avez l'habitude
de vaincre l'ennemi en lui faisant face, et,
cette fois comme toujours, vous le terrasserez
en soldat et en gentilhomme, mais qui vous a
donc parlé de cela ?

MORCERF.

Danglars, en m'annonçant que tout était
fini entre nous, et que l'alliance projetée était
rompue, puis, comme par suite, il m'a ren-
voyé au journal de M. de Beauchamp. Voilà
pourquoi je le demandais au moment où tu es
venu.

ALBERT.

Bien, mon père, bien, ah ! justement voilà
M. de Beauchamp.

SCÈNE V.

LES MÊMES, BEAUCHAMP.

ALBERT.

Venez, monsieur, venez.

BEAUCHAMP.

Pourquoi avec votre père, vicomte ?

ALBERT.

C'est le hasard qui a fait que mon père
s'est trouvé là, et, fort de sa conscience, mon
père a voulu rester.

BEAUCHAMP.

C'est une affaire commencée entre vous et
moi, Albert, laissez-la s'achever entre vous et
moi. M. le comte, croyez que demain vous serez content de la façon dont je me serai conduit. En attendant, tranquillisez-vous ; je
comprends votre douleur, nous ferons ce qu'il
sera possible de faire pour la calmer.

MORCERF.

M. de Beauchamp.....

BEAUCHAMP.

Dites à votre père de nous laisser seuls, Albert.

MORCERF.

Mais, cependant...

BEAUCHAMP.

Au nom de notre amitié, vicomte.

ALBERT.

Oh! il m'épouvante ! mon père, vous entendez, vous entendez, Beauchamp désire me
parler à moi seul, rentrez chez vous, soyez
tranquille, en votre absence, votre nom sera
dignement soutenu. Allez ! allez!

MORCERF.

Te reverrai-je, Albert ?

J'aurai l'honneur d'aller vous présenter mes
respects ce soir.

SCÈNE VI.

BEAUCHAMP, ALBERT.

ALBERT.

Maintenant, monsieur, j'espère que vous
aurez l'obligeance de m'expliquer...

BEAUCHAMP.

Je vous avais promis d'aller aux recher-
ches, Albert, et me voilà.

ALBERT.

Eh bien ?

BEAUCHAMP.

Eh bien ! la note a purement et simplement
été jetée dans la boîte du journal, par une
main anonyme.

ALBERT.

Ah ! vous le voyez bien que c'était une calomnie !

BEAUCHAMP.

Attendez, seulement, elle était annexée à
cette attestation.

ALBERT.

Quelle attestation ?

BEAUCHAMP.

Lis-là, mon ami. Elle me dispense malheureusement d'aller jusqu'en Epire.

ALBERT, lisant.

Une attestation de quatre habitans nota-
bles de Janina, constatant que... O mon Dieu,
donnez-moi la force ! Que le colonel Fernand
Mondégo, instructeur général, au service d'A-
li-Pacha, a livré les châteaux de Janina,
moyennant deux mille bourses. Ah ! monsieur,
vous vous êtes bien hâté.

BEAUCHAMP.

Oui, mon ami, je me suis hâté pour vous dire;
Albert, les fautes de nos pères, dans ces temps
d'action et de réaction, ne peuvent atteindre les
enfans. Albert, bien peu ont traversé ces révolu-
tions, au milieu desquelles nous sommes, sans
que quelque tache de boue ou de sang ait re-
jailli jusqu'à son visage. Albert, personne au
monde, maintenant que j'ai toutes les preuves,
maintenant que je suis maître de votre secret, personne ne peut me forcer à un combat que votre conscience, j'en suis certain,
vous reprocherait comme un crime. Mais ce
que vous n'avez plus le droit d'exiger de moi,
mon ami, je viens vous l'offrir maintenant.
Ces preuves que je possède seul, voulez-vous
qu'elles disparaissent? ce secret affreux, voulez-vous qu'il reste entre nous? confié à ma
parole d'honneur, il ne sortira jamais de ma
bouche. Dites, le voulez-vous, Albert, mon
ami ?

ALBERT, l'embrassant.

Oh ! noble cœur !

BEAUCHAMP présentant les papiers à Albert.

Tenez.

(Albert prend les papiers, les froisse et s'apprête
à les déchirer.)

BEAUCHAMP.

Donnez. (Il brûle les papiers à un candélabre.)
Que tout s'oublie comme un mauvais rêve,
que tout s'efface comme ces dernières étincel-
les qui courent sur ce papier noirci. Que tout
cela s'évanouisse comme cette dernière fumée
qui s'échappe de ces cendres muettes.

ALBERT.

Oui, oui, et qu'il n'en reste que l'éternelle
amitié que je voue à mon sauveur, amitié que
mes enfans transporteront aux vôtres, qui se
rappellera toujours que le sang de mes veines, la vie de mon corps, l'honneur de mon
nom, je vous les dois, car si une pareille chose
eût été prouvée, je vous le déclare, Beauchamp, je me brûlais la cervelle.

BEAUCHAMP.

Cher Albert (Silence d'un instant). Eh bien !
voyons, qu'y a-t-il encore, mon ami ?

ALBERT.

Il y a, Beauchamp, que j'ai quelque chose
de brisé dans le cœur. Oh ! c'est qu'on ne se
sépare pas ainsi, en un instant, de ce respect,
de cette confiance, de cet orgueil, qu'inspire
à un fils le nom sans tache de son père. Oh !
Beauchamp, Beauchamp, comment maintenant vais-je aborder le mien ? Reculerai-je
mon front dont il approchera ses lèvres ? ma
main dont il approchera sa main ? Tenez,
Beauchamp, je suis le plus malheureux des
hommes. Oh ! ma mère, ma pauvre mère ! si
vous avez lu cela, combien vous avez dû souffrir !

BEAUCHAMP.

Voyons, du courage, mon ami.

ALBERT.

Mais d'où vient cette note, insérée dans le
journal ? Il y a derrière tout cela une haine
inconnue, un ennemi invisible, un dénonciateur anonyme, qui a confié la honte de ma
famille à la gueule de bronze de votre journal.

BEAUCHAMP.

Oh ! quant à celui-là, mon ami, cherchez-
le, trouvez-le, étranglez-le, je m'y prêterai de
tout mon pouvoir, et, si je puis, y aiderai de
toutes mes forces. En attendant, du courage,
Albert, pas de traces d'émotion sur votre visage, portez cette douleur en vous, comme
le nuage porte en soi la ruine et la mort,
secret fatal qu'on ne comprend qu'au moment
où la tempête éclate. Allez, ami, allez, réser-
vez vos forces.

ALBERT.

Oh ! vous croyez donc que nous ne sommes
point au bout ?

BEAUCHAMP.

Moi, je ne crois rien, mais, après ce qui vient
d'arriver, tout est possible. A propos !

ALBERT.

Quoi ?

BEAUCHAMP.

Épousez-vous toujours mademoiselle Danglars ? ou le bruit de la rupture de votre mariage est-il vrai ?

ALBERT.

Rompu ; mais, attendez donc, vous m'y
faites penser : M. Danglars, tout à l'heure ici
même.... Ah ! le voilà qui sort de sa loge avec
Debray.

ᴼᴼᴼᴼᴼᴼᴼᴼᴼᴼᴼᴼᴼᴼᴼᴼᴼᴼᴼᴼᴼᴼᴼᴼᴼᴼᴼᴼᴼᴼᴼᴼᴼ

SCÈNE VII.

Les Mêmes, DANGLARS, DEBRAY.

DANGLARS, à un domestique.

Allez me chercher l'*Étoile* de ce soir, vous
trouverez une boutique de journaux, au bout
du passage.

ALBERT.

Que fait-il ? n'envoie-t-il pas chercher encore un journal ?

BEAUCHAMP.

Oui.

DANGLARS.

Venez-vous prendre une glace, Debray ?

DEBRAY, sortant de la loge.

Volontiers.

DANGLARS.

Ah ! c'est vous, vicomte ?

ALBERT.

Oui, monsieur, c'est moi, je quitte mon
père.

DANGLARS.

Ah ! le général ?

ALBERT.

Oui, le général ; il m'a dit une chose étrange

DANGLARS.

Bah ! que vous a-t-il donc dit, ce cher comte ?

ALBERT.

Il m'a dit que, sans faire valoir aucune raison, sans lui donner aucun motif.....

DANGLARS.

Bon ! nous y voilà.

ALBERT.

Eh bien ! soit, nous y voilà. Écoutez, je ne
désirais pas cette alliance, monsieur, j'ai
même supplié mon père de ne point forcer la
répugnance que j'éprouvais à entrer dans votre famille ; mais le comte de Morcerf a insisté,
j'ai dû obéir.

DANGLARS.

Oui, je comprends, vous vous êtes fait violence.

ALBERT.

Je me suis fait violence, c'est le mot.

DANGLARS.

Est-ce après avoir su le chiffre de la dot
ou auparavant?

ALBERT.

Monsieur, j'aurai du chef de mon père
cinquante mille livres de rente, à peu près.
Voilà ma réponse, mon père a commencé
comme simple soldat, et...

DANGLARS.

Pardon, mon bon ami, mais tout le monde
n'a pas eu les occasions de faire fortune qu'a
eues votre père.

ALBERT.

Que voulez-vous dire? monsieur.

DANGLARS.

Je veux dire qu'il n'y a jamais eu, et qu'il
n'y aura probablement jamais qu'un Ali-
Tebelin.

ALBERT.

Vous l'entendez, Beauchamp, il avoue, il se
dénonce.

DANGLARS.

J'avoue quoi? Je dénonce qui?

ALBERT.

Monsieur, vous nous rendrez raison de
de l'outrage que vous venez de nous faire.

DANGLARS.

Je vous rendrai raison de ce que je ne
veux pas donner ma fille au fils du colonel
Fernand Mondego, instructeur des troupes
d'Ali-Pacha?

ALBERT.

Monsieur, il n'est pas ici question de mariage, il est question...

DANGLARS.

De l'article de ce matin, n'est-ce pas?

ALBERT.

Eh bien! oui.

DANGLARS.

En vérité! Et vous venez vous en prendre à
moi de cela? Êtes-vous fou? Est-ce que je sais
l'histoire grecque, moi? est-ce que je connais
Ali Tebelin? est-ce que j'ai voyagé dans tous ces
pays-là? Est-ce que c'est moi qui ai conseillé
à votre père de vendre les châteaux dont la
garde lui était confiée, de trahir?...

ALBERT.

Silence! monsieur, silence!

BEAUCHAMP.

Albert! Albert!
(Pendant ce temps, le domestique est revenu et
a remis le journal à Debray.)

DANGLARS, à Debray.

Eh bien! cela y est-il?

DEBRAY.

Oui.

DANGLARS.

Bon.

ALBERT.

Je vous disais donc, monsieur, que, me regardant comme insulté par vous, non-seulement dans le refus fait à mon père, mais dans
ce que vous venez de dire, je vous disais
donc que je veux une satisfaction de la
double insulte, que cette satisfaction je l'aurai, ou bien...

DEBRAY.

Vicomte!

ALBERT.

Donnez-vous votre procuration à M. Debray? baron, et désirez-vous que ce soit à lui
que j'aie affaire?

DANGLARS.

Monsieur, si vous êtes venu ici pour me
chercher une querelle, pour me dresser un
guet apens, prenez garde, car je vous préviens que je ferai de tout ceci une affaire de
procureur du Roi.

ALBERT.

Vous vous trompez, monsieur, je ne me
suis adressé à M. Debray, que parce qu'il
m'a paru vouloir intervenir dans notre discussion, mais puisque vous réclamez la prio-
rité...

DANGLARS.

Monsieur, je vous avertis que, quand je
trouve sur mon chemin un dogue enragé, je
le tue. Or, si vous êtes enragé et que vous
tentiez de me mordre, je vous tuerai sans
pitié. Tiens! est-ce ma faute si votre père est
déshonoré, moi?

DEBRAY.

Baron!

ALBERT.

Déshonoré!

DANGLARS.

Est-ce ma faute si les journaux nomment
en toutes lettres le comte de Morcerf?

ALBERT.

Tu mens, ils ne le nomment pas.

DANGLARS.

Le journal du matin, non. Mais ceux du
soir, si.

ALBERT.

Ceux du soir?

DANGLARS.

Eh! lisez pardieu!
(Il lui met le journal sous le nez.)

ALBERT, chancelant.

Mon Dieu! Beauchamp disait-il vrai, et ne
suis-je pas au bout. (Lisant.) « L'officier fran-
» çais dont parlait ce matin l'*Impartial*, et qui,

» non-seulement vendit les châteaux de Janina,
» mais encore livra son bienfaiteur, s'appelait,
» en effet, à cette époque Fernand, comme le
» dit notre honorable confrère; mais, depuis, il
» a encore ajouté, à son nom de baptême, un
» titre de noblesse et un nom de terre: Il
» s'appelle aujourd'hui le comte de Morcerf,
» et fait partie de la Chambre des Pairs. »

DANGLARS.

Eh bien! est-ce clair?

ALBERT.

Aussi clair que tout ceci, monsieur, vient
de vous.

DANGLARS.

Eh bien, au bout du compte, quand cela
viendrait de moi, il me semble que, lorsqu'on
marie sa fille à un jeune homme, on peut
bien prendre des renseignemens sur la famille de ce jeune homme; c'est non-seulement un droit, mais un devoir.

ALBERT.

Bien! continuez, monsieur. Alors, c'est vous
qui avez écrit à Janina?

DANGLARS.

Quand j'aurais écrit?

ALBERT.

C'est à vous que les attestations ont été
adressées?

DANGLARS.

Eh! monsieur!...

ALBERT.

Oh! il faut me répondre.

DANGLARS.

Eh bien! si j'ai écrit, monsieur, c'est qu'on
m'a donné le conseil d'écrire.

ALBERT.

Ah! l'on vous a donné ce conseil?

DANGLARS.

Eh! certainement! Je parlais du passé de
votre père, moi; je disais que la source de
cette fortune était toujours restée obscure.
Alors la personne à laquelle je m'adressais m'a
demandé où votre père avait fait fortune. —
J'ai répondu : en Grèce! — Dans quelle partie de la Grèce? — En Epire. — Eh bien!
écrivez à Janina, a répondu cette personne. Et
j'ai écrit.

ALBERT.

La personne qui vous a donné ce conseil,
je la connais?

DANGLARS.

Parbleu! C'est votre ami.

ALBERT.

Vous nommez cette personne?

DANGLARS.

Vous voulez savoir?

ALBERT.

Vous la nommez?

DANGLARS.

Eh bien! je la nomme le comte de Monte-
Cristo.

ALBERT.

C'est le comte de Monte-Cristo qui vous a
donné le conseil d'écrire à Janina?

DANGLARS.

Vous en doutez?

ALBERT.

Oh! oui, je l'avoue.

DANGLARS.

Eh bien! demandez à lui-même. Il est là,
dans sa loge.

ALBERT.

Là! là!

DANGLARS.

Oui.

ALBERT.

C'est bien, monsieur, vous êtes libre.

DANGLARS.

Jeune homme!

ALBERT.

Monsieur!

DANGLARS.

C'est bien, c'est bien. Vous avez trouvé votre
homme, prenez-vous-en à lui.

SCÈNE VIII.

LES MÊMES, MOINS DANGLARS.

ALBERT.

Oh! quand je pense qu'il est ici; quand je
pense qu'il n'y a que cette porte entre lui et
moi.

DEBRAY et BEAUCHAMP.

Albert!

ALBERT.

Oh! laissez- moi. (Il frappe à la porte.)

SCÈNE IX.

LES MÊMES, MONTE-CRISTO et CHATEAU-
BRUN dans la loge.

MONTE-CRISTO.

Ah! c'est vous, M. de Morcerf; me ferez-
vous le plaisir d'entrer dans ma loge?

ALBERT.

M. le comte, je ne viens point échanger
avec vous d'hypocrites politesses et de faux
semblans d'amitié, je viens ici pour vous demander une explication.

MONTE-CRISTO.

Une explication à l'Opéra, monsieur? Si peu
familier que je sois avec les habitudes parisiennes, je n'eusse pas cru que c'était à l'Opéra
que les explications se demandaient.

ALBERT.

Monsieur, lorsque les gens peuvent, d'un moment à l'autre, disparaître, quand on ne sait ni d'où ils viennent ni où ils vont, il faut saisir l'occasion quand elle se présente, et les prendre où on les trouve.

MONTE-CRISTO.

Il faut croire que je ne suis pas si difficile à trouver, monsieur, puisque ce matin vous étiez encore avec moi.

ALBERT.

Si, ce matin encore, j'étais avec vous, c'est que ce matin encore j'ignorais qui vous êtes.

MONTE-CRISTO.

Mais, d'où sortez-vous donc, monsieur? En vérité, vous ne paraissez pas jouir de tout votre bon sens.

ALBERT.

Pourvu que je comprenne vos perfidies et que je vous fasse comprendre que je veux m'en venger, je serai toujours assez raisonnable à mes yeux.

MONTE-CRISTO.

Je ne vous comprends pas, monsieur, et quand je vous comprendrais, vous parleriez encore trop haut. J'ai loué cette loge, cette loge est à moi, je suis donc chez moi, et moi seul ai le droit d'élever la voix ici au-dessus des autres; sortez, monsieur.

ALBERT.

Oh! je vous ferai bien sortir aussi vous.

MONTE-CRISTO.

Ah! vous me cherchez querelle, vicomte, je vois cela; mais, un conseil, et retenez-le bien : c'est une coutume mauvaise que de faire du bruit en provoquant : le bruit ne va pas à tout le monde, M. de Morcerf.

ALBERT.

Oh!

(Il fait un geste pour jeter son gant au visage de Monte-Cristo, mais Beauchamp lui arrête le bras; le gant tombe aux pieds de Monte-Cristo.)

MONTE-CRISTO.

Monsieur, je tiens votre gant pour jeté, et, demain matin, je vous le renverrai roulé autour d'une balle.

ALBERT.

C'est tout ce que je voulais. Beauchamp, je vous charge du reste.

(Il sort comme un fou.)

CHATEAURENON.

Que lui avez-vous donc fait?

MONTE-CRISTO.

Moi! rien, personnellement du moins.

BEAUCHAMP.

M. le comte!

MONTE-CRISTO, sortant de sa loge.

Allons, il est dit que je n'entendrai pas le

troisième acte; heureusement, c'est le moins bon. Que me voulez-vous, M. de Beauchamp?

BEAUCHAMP.

Monsieur, j'accompagnais M. de Morcerf, comme vous avez pu le voir.

MONTE-CRISTO.

Ce qui veut dire que vous veniez probablement de souper ensemble. Je vous fais mon compliment, monsieur, d'être plus sobre que votre ami.

BEAUCHAMP.

Monsieur, Albert a eu le tort de s'emporter, et, pour mon propre compte, mais pour le mien seulement, je vous fais des excuses. Maintenant, vous êtes trop galant homme pour refuser de me donner quelques explications à propos de cette affaire de Janina.

MONTE-CRISTO.

Allons, voilà toutes mes espérances détruites. Vous vous empressez de me faire une réputation d'excentricité. Je suis, selon vous, un Lara, un Manfred, un Ruthwen. — Puis, vous gâtez votre type, vous essayez de faire de moi un homme banal, un homme comme tous les hommes. — Vous me demandez des explications, enfin. Allons donc, M. de Beauchamp, vous voulez rire.

BEAUCHAMP.

Cependant, monsieur, il est des occasions où la probité commande.

MONTE-CRISTO.

M. de Beauchamp; ce qui commande à M. le comte de Monte-Cristo, c'est le comte de Monte-Cristo. Ainsi donc, pas un mot sur tout cela, s'il vous plaît. — Je fais ce que je veux, M. de Beauchamp; — et, croyez-moi, c'est toujours fort bien fait.

BEAUCHAMP.

Monsieur, permettez-moi de vous dire qu'on ne paie pas d'honnêtes gens avec cette monnaie. Il faut des garanties à l'honneur.

MONTE-CRISTO.

Monsieur, je suis une garantie vivante. Nous avons tous deux dans les veines, M. de Morcerf et moi, du sang que nous brûlons de verser. Voilà notre garantie mutuelle, reportez cette réponse au vicomte, et dites-lui que, demain avant dix heures du matin, j'aurai vu la couleur du sien.

BEAUCHAMP.

Il ne me reste donc, M. le comte, qu'à régler les conditions du combat.

MONTE-CRISTO.

Cela m'est parfaitement indifférent, il est donc inutile de me déranger plus longtemps pour une pareille chose. En France, on se bat à l'épée et au pistolet; aux colonies, à la carabine; en Arabie, au poignard; dans l'Amérique du sud, au couteau. — Dites à votre client que, pour être excentrique jusqu'au bout, quoiqu'insulté, je lui laisse le choix des armes, et que j'accepte tout, sans discussion, sans conteste. — Tout, entendez-vous bien, tout, même le combat par la voie du sort, ce qui est toujours stupide. Mais, pour moi, c'est autre chose, je suis sûr de gagner.

BEAUCHAMP.
Sûr de gagner?

MONTE-CRISTO.
Eh! certainement, sans cela, je ne me battrais pas avec M. de Morcerf. Je le tuerai, il le faut, cela sera.

BEAUCHAMP.
Ah! comte! son père l'aime tant.

MONTE-CRISTO.
Ne me dites pas de ces choses-là, M. de Beauchamp! — Je le ferais souffrir.

BEAUCHAMP.
Comte! comte!

MONTE-CRISTO.
Seulement, M. de Beauchamp, par un mot, indiquez-moi ce soir l'arme et le lieu. Je n'aime pas me faire attendre.

BEAUCHAMP.
Au pistolet, à huit heures du matin, au bois de Vincennes.

MONTE-CRISTO.
C'est bien, monsieur, maintenant que tout est réglé, laissez-moi entendre le spectacle, je vous prie, et dites à votre ami Albert de ne pas revenir ce soir : il se ferait tort avec toutes ses brutalités de mauvais goût. Qu'il rentre et qu'il dorme. Adieu.

(Le comte rentre dans sa loge.)

ACTE QUATRIÈME.

SIXIÈME TABLEAU.

Chez le comte de Monte-Cristo.

SCÈNE I.

MONTE-CRISTO, ALI, BERTUCCIO, BAPTISTIN.

MONTE-CRISTO.
Ali, mes pistolets d'ébène? Baptistin, mes épées? Avant de vous en aller, accrochez la plaque d'argent et placez au milieu un as de carreau. (A Ali qui lui apporte sa boîte.) Merci, Ali, sont-ils tout chargés? (Ali fait signe que oui.) Rangez-vous, Baptistin.

BERTUCCIO entrant.
M. le comte?

MONTE-CRISTO.
Eh bien! qu'y a-t-il?

BERTUCCIO.
Une dame voilée qui ne veut pas dire son nom et qui désire ne parler qu'à vous.

MONTE-CRISTO.
Une dame voilée?

BERTUCCIO.
Oui.

MONTE-CRISTO.
Faites entrer.
(Il fait un geste, Ali et Baptistin disparaissent par des portes latérales. Bertuccio sort à son tour.)

SCÈNE II.

LE COMTE, MERCÉDÈS.

MONTE-CRISTO.
Qui êtes-vous et que me voulez-vous?

MERCÉDÈS levant son voile.
Edmond, vous ne tuerez pas mon fils.

MONTE-CRISTO laissant tomber son pistolet.
Oh! quel nom avez-vous prononcé là, madame de Morcerf?

MERCÉDÈS.
Le vôtre, le vôtre, que peut-être seule au monde je n'ai point oublié. Edmond, ce n'est point madame de Morcerf qui vient à vous, c'est Mercédès.

MONTE-CRISTO.
Mercédès est morte, madame, et je ne connais plus personne de ce nom.

MERCÉDÈS.
Mercédès vit, monsieur, et Mercédès se souvient, car seule elle vous a reconnu lorsqu'elle vous a vu et même sans vous voir, au seul accent de votre voix. Depuis le moment où elle vous a revu, elle vous suit pas à pas, elle vous surveille, elle vous redoute, elle n'a pas eu besoin de chercher la main d'où partait le coup qui frappait le comte de Morcerf.

MONTE-CRISTO.
Fernand, vous voulez dire, madame. Puisque nous sommes en train de nous rappeler nos noms, eh bien! rappelons-nous-les tous.

MERCÉDÈS.
Vous voyez bien, Edmond, que je ne me suis pas trompée et que j'ai raison de vous dire : Edmond, épargnez mon fils.

MONTE-CRISTO.
Et qui vous a dit, madame, que j'en voulais à votre fils?

MERCÉDÈS.
Personne, mon Dieu! Mais une mère a-t-elle besoin qu'on lui dise de ces choses-là? J'ai

tout deviné; je l'ai suivi ce soir à l'Opéra, et, cachée dans une baignoire, j'ai tout vu.

MONTE-CRISTO.

Alors, si vous avez tout vu, madame, vous avez vu que le fils de Fernand m'a insulté publiquement?

MERCÉDÈS.

Oh! par pitié!

MONTE-CRISTO.

Vous avez vu qu'il m'eût jeté son gant à la figure si M. de Chateaubrun ne l'eût arrêté?

MERCÉDÈS.

Écoutez-moi : mon fils a deviné, lui aussi, et il vous attribue les malheurs qui frappent son père.

MONTE-CRISTO.

Madame, vous confondez : ce ne sont point des malheurs, c'est un châtiment. Ce n'est pas moi qui frappe M. de Morcerf, c'est la providence qui le punit.

MERCÉDÈS.

Et pourquoi vous substituez-vous à la providence? Pourquoi vous souvenez-vous quand elle oublie? Que vous importent à vous, Edmond, Janina et son visir? Quel tort vous a fait Fernand Mondego en trahissant Ali-Tebelin?

MONTE-CRISTO.

Aussi, madame, tout ceci est une affaire entre le capitaine Franc et la fille d'Ali, qui existe encore, je crois, et si j'ai juré de me venger, ce n'est ni du capitaine Franc, ni du comte de Morcerf, c'est du pêcheur Fernand, mari de la Catalane Mercédès.

MERCÉDÈS.

Oh! monsieur, quel terrible vengeance pour une faute que le hasard m'a fait commettre, car la coupable, c'est moi, Edmond, et si vous avez à vous venger de quelqu'un, c'est de moi qui ai manqué de force contre votre absence et contre mon isolement.

MONTE-CRISTO.

Mais pourquoi étais-je absent? pourquoi étiez-vous isolée?

MERCÉDÈS.

Parce qu'on vous avait arrêté, Edmond, parce que vous étiez prisonnier.

MONTE-CRISTO.

Pourquoi étais-je arrêté? pourquoi étais-je prisonnier?

MERCÉDÈS.

Je l'ignore.

MONTE-CRISTO.

Oui, vous l'ignorez, je l'espère du moins. Eh bien! je vais vous le dire, moi, j'étais arrêté, j'étais prisonnier, parce que, de la réserve, le jour même où je devais vous épouser, un homme nommé Danglars, avoit écrit cette lettre, que le pêcheur Fernand s'était chargé de mettre à la poste. (Il va à un secrétaire et tire la lettre.)

MERCÉDÈS.

Une lettre, quelle lettre?

MONTE-CRISTO.

Lisez! Cette lettre me coûte cent mille francs, mais ce n'est pas trop cher, puisqu'elle me donne le moyen de me justifier à vos yeux.

MERCÉDÈS, lisant.

« M. le procureur du roi est prévenu, par un
» ami du trône et de la religion, que le nom-
» mé Edmond Dantès, second du navire le
» Pharaon, arrivé ce matin de Smyrne, après
» avoir touché à Naples et à Porto-Ferrajo, a
» été chargé par Murat d'une lettre pour le
» l'Usurpateur, et par l'Usurpateur d'une let-
» tre pour le comité bonapartiste de Paris. On
» aura la preuve du crime en l'arrêtant, car
» ou trouvera cette lettre sur lui. » (Tombant
» sur un fauteuil.) O mon Dieu! mon Dieu!

MONTE-CRISTO.

Vous avez lu?

MERCÉDÈS.

Oui. Et le résultat de cette lettre?...

MONTE-CRISTO.

Vous le savez, madame... a été mon arrestation. Mais ce que vous ne savez pas, c'est le temps qu'elle a duré, cette arrestation. Quatorze ans! Ce que vous ne savez pas, c'est que chaque jour de ces quatorze ans, j'ai renouvelé le vœu de vengeance que j'avais fait le premier jour, et cependant, au fond de ma prison, j'ignorais que vous aviez épousé Fernand, mon dénonciateur; j'ignorais que mon père était mort, et mort de faim!

MERCÉDÈS.

Juste Dieu!

MONTE-CRISTO.

Mais voilà ce que j'ai su en sortant de prison, quatorze ans après y être entré, et voilà ce qui fait que, sur Mercédès vivante et sur mon père mort, j'ai juré de me venger de Fernand, et je me venge!

MERCÉDÈS.

Êtes-vous sûr que le malheureux Fernand est cause de tout cela?

MONTE-CRISTO.

Sur mon âme! il l'a fait comme je vous le dis. D'ailleurs, ce n'est pas plus odieux que d'avoir, Français d'adoption, passé aux Anglais; Espagnol de naissance, combattu contre les Espagnols; stipendiaire d'Ali, trahi et assassiné Ali! En face de pareilles choses, mon Dieu! qu'est-ce que la lettre que vous venez de lire? une mystification galante, que doit pardonner, je l'avoue et je le comprends, la femme qui a épousé cet homme, mais que ne pardonne pas l'amant qui devait épouser cette femme. Eh bien, les Français ne se sont pas vengés du traître, les Espagnols n'ont pas fait fusiller le traître, Ali, couché dans sa tombe, n'a point fait étrangler le traître! Moi, moi trahi, assassiné, jeté aussi dans une tombe, je suis sorti de cette tombe par la grâce de Dieu! Je dois donc à Dieu de me venger; il m'envoie pour cela, et me voici.

MERCÉDÈS.

Oh! oui, vous avez raison! oui, vous êtes dans votre droit! oui, Dieu vous a commis la charge de punir! Mais pardonnez, Edmond, pardonnez pour moi, pour moi qui vous en supplie à genoux.

MONTE-CRISTO.

Que je pardonne! Que je n'écrase pas cette race maudite! Que je désobéisse à Dieu, qui m'a suscité pour sa punition! Impossible, madame, impossible!

MERCÉDÈS.

Edmond, mon Dieu! quand je vous appelle toujours Edmond, pourquoi ne m'appelez-vous plus Mercédès?

MONTE-CRISTO.

Mercédès! Eh bien! oui, vous avez raison, Mercédès; oui, ce nom m'est doux encore à prononcer; et voilà la première fois, depuis bien longtemps, qu'il retentit si clairement au sortir de mes lèvres. Oh! Mercédès, votre nom, je l'ai prononcé avec les soupirs de la mélancolie, les gémissemens de la douleur, le râle du désespoir; je l'ai prononcé glacé par le froid et accroupi sur la paille de mon cachot; je l'ai prononcé dévoré par la chaleur, et me roulant sur les dalles de ma prison! Mercédès! Quatorze ans j'ai souffert, quatorze ans j'ai pleuré, quatorze ans j'ai maudit! Maintenant je vous le dis, Mercédès, il est temps que je me venge!

MERCÉDÈS.

Vengez-vous, Edmond, mais vengez-vous sur les coupables. Vengez-vous sur lui, vengez-vous sur moi; mais ne vous vengez pas sur mon fils!

MONTE-CRISTO.

Il est écrit: Les fautes des pères retomberont sur les enfans jusqu'à la quatrième génération. Puisque Dieu a dicté ces propres paroles à son prophète, pourquoi serais-je meilleur que Dieu?

MERCÉDÈS.

Parce que Dieu a le temps et l'éternité, ces deux choses qui échappent aux hommes.

MONTE-CRISTO.

Oh!

MERCÉDÈS.

Edmond, depuis que je vous connais, j'ai adoré votre nom. Edmond, depuis que je vous ai perdu, j'ai adoré votre mémoire. Edmond, mon ami, ne me forcez pas à ternir cette pure et noble image, reflétée sans cesse dans le miroir de mon cœur! Edmond, si vous saviez toutes les prières que j'ai adressées à Dieu, tant que je vous ai espéré vivant et depuis que je vous ai cru mort! Que pouvais-je pour vous, Edmond, sinon prier et pleurer?.. Ecoutez-moi; pendant dix ans, j'ai fait chaque nuit le même rêve. On a dit que vous aviez voulu fuir, que vous aviez pris la place d'un prisonnier, que vous vous étiez glissé dans le suaire d'un mort, qu'alors on avait lancé ce cadavre vivant du haut en bas du château d'If, et que le cri que vous aviez poussé en vous brisant sur les rochers avait seul révélé la substitution à vos ensevelisseurs, devenus vos bourreaux. Eh bien, Edmond, je vous le jure sur la tête de ce fils pour lequel je vous implore, pendant dix ans, j'ai vu, chaque nuit, des hommes qui balançaient quelque chose d'informe et d'inconnu au haut d'un rocher; pendant dix ans, j'ai entendu, chaque nuit, un cri terrible, qui m'a réveillée frissonnante et glacée! Oh! moi aussi, Edmond, croyez-moi, toute criminelle que je fus, oh! j'ai bien souffert!

MONTE-CRISTO.

Avez-vous senti votre père mourir de faim en votre absence! Avez-vous vu la femme que vous aimiez tendre la main à votre rival, tandis que vous râliez au fond d'un gouffre?

MERCÉDÈS.

Non. Mais j'ai vu celui que j'aimais prêt à devenir le meurtrier de mon fils!

MONTE-CRISTO.

Mon Dieu! mon Dieu! c'est tout ce que je puis supporter; c'est plus que je n'en puis supporter! Que me demandez-vous? que votre fils vive? Eh bien, il vivra! le lion est dompté, le vengeur est vaincu.

MERCÉDÈS portant la main d'Edmond à ses lèvres.

Oh! merci, Edmond! Te voilà bien tel que je t'ai toujours rêvé, tel que je t'ai toujours aimé: oh! oui, toujours aimé, maintenant je puis te le dire.

MONTE-CRISTO.

D'autant plus que le pauvre Edmond n'aura pas longtemps à être aimé de vous. Le mort va rentrer dans la tombe, le fantôme va rentrer dans la nuit.

MERCÉDÈS.

Que dites-vous?

MONTE-CRISTO.

Je dis que, puisque vous l'ordonnez, Mercédès, il faut mourir.

MERCÉDÈS.

Qui dit cela? Qui parle de mourir? D'où vous viennent ces idées de mort?

MONTE-CRISTO.

Vous ne supposez pas qu'outragé publiquement en face de toute une salle, en présence de vos amis et de ceux de votre fils, provoqué par un enfant, qui se glorifiera de mon pardon comme d'une victoire, vous ne supposez pas qu'il me reste un instant le désir de vivre.

MERCÉDÈS.

Mais ce duel n'aura pas lieu, Edmond, puisque vous pardonnez.

MONTE-CRISTO.

Il aura lieu, madame, seulement, au lieu du sang de votre fils que devait boire la terre, c'est le mien qui coulera.

MERCÉDÈS.

Edmond, il y a un Dieu au dessus de nous, puisque vous vivez, puisque je vous ai revu, et je me fie à lui du plus profond de mon cœur. En attendant son appui je me repose sur votre parole, vous avez dit qu'il vivrait, il vivra, n'est-ce pas?

MONTE-CRISTO.

Il vivra, madame, ce qui est dit est dit.

MERCÉDÈS.

Oh! Edmond, comme c'est beau, comme c'est grand, comme c'est sublime, de pardonner comme vous venez de le faire!

MONTE-CRISTO.

Vous dites cela, Mercédès, et que diriez-vous donc si vous saviez l'étendue du sacrifice que je vous fais?

MERCÉDÈS.

Edmond, je n'ai plus qu'un mot à vous dire, vous verrez que, si mon front a pâli, que, si mes yeux sont éteints, que si ma beauté est perdue, que, si Mercédès, enfin, ne ressemble plus à elle-même par les traits du visage, Mercédès a toujours le même cœur. Adieu, Edmond, je n'ai plus rien à demander au ciel, je vous ai revu et revu aussi grand et aussi noble qu'autrefois. Adieu, Edmond, adieu et merci.

MONTE-CRISTO la regardant s'éloigner.

Voilà donc l'édifice si lentement préparé, élevé avec tant de peine et de labeur, écroulé d'un seul coup, avec un seul mot, sous un souffle, hélas! Et tout cela, mon Dieu, parce que mon cœur, que je croyais mort, n'était qu'engourdi, parce qu'il a battu, parce qu'enfin j'ai cédé à la douleur de ce battement, soulevé au fond de ma poitrine par la voix d'une femme. Sottise! sottise! que faire ainsi de la générosité, en se plaçant comme un but inerte au bout du pistolet de ce jeune homme. Jamais il ne croira que ma mort soit un suicide, et cependant il importe pour l'honneur de ma mémoire que le monde sache que j'ai consenti moi-même, par ma volonté, par mon libre arbitre, à arrêter mon bras déjà levé et que de ce bras si puissamment armé contre les autres, je me suis frappé moi-même. (Il tire un papier de son tiroir et écrit quelques mots.) Et d'abord, ajoutons ce codicille à mon testament. « Je lègue à Maximilien Morrel, capitaine de spahis, et fils de mon ancien patron, Pierre Morrel, armateur à Marseille, la somme de vingt millions. Ces vingt millions sont enfouis dans ma grotte de Monte-Cristo, dont Bertuccio sait le secret. (Haydée entre, s'approche du comte, et lit par dessus son épaule.) Si son cœur est libre et qu'il veuille épouser Haydée, fille d'Ali, pacha de Janina, que j'ai élevée avec l'amour d'un père, et qui a pour moi l'amour et la tendresse d'une fille, il accomplira, je ne dirai point ma dernière volonté, mais mon dernier désir. Le présent testament a déjà fait Haydée héritière du reste de ma fortune, consistant... »

HAYDÉE.

O mon Dieu!

⚬⚬

SCÈNE III.

MONTE-CRISTO, HAYDÉE.

MONTE-CRISTO.

Haydée, vous avez lu?

HAYDÉE.

Oh! monseigneur, pourquoi écrivez-vous de pareilles choses, à une pareille heure, pourquoi me léguez-vous toute votre fortune? Monseigneur, vous me quittez donc?

MONTE-CRISTO.

Je vais faire un long voyage, ma fille, et, s'il m'arrivait malheur!

HAYDÉE.

Eh bien?

MONTE-CRISTO.

Eh! bien, s'il m'arrivait malheur, je veux que ma fille soit heureuse.

HAYDÉE.

Monseigneur, tu penses à mourir.

MONTE-CRISTO.

C'est une pensée salutaire, mon enfant, a dit le Sage.

HAYDÉE.

Eh bien! si vous mourez, léguez votre fortune à d'autres, car si vous mourez, monseigneur, Haydée n'aura plus besoin de rien. (Elle prend le testament, le déchire, puis tombe évanouie.)

MONTE-CRISTO.

Mercédès s'est souvenue qu'elle avait un fils, moi j'ai oublié que j'avais une fille.

SEPTIÈME TABLEAU.

Le bois de Vincennes.

SCÈNE I.

CHATEAUBRUN, DEBRAY.

CHATEAUBRUN.

Bon, nous voilà arrivés, et je crois même que nous voilà arrivés les premiers.

DEBRAY.

Vous m'excuserez, mon cher, mais je crois apercevoir là-bas, une voiture sous les arbres.

CHATEAUBRUN.

C'est vrai, et deux jeunes gens qui paraissent attendre, je reconnais Frantz et Beauchamp, (à la coulisse.) Voici nos hommes, comte, et vous pouvez descendre.

SCÈNE II.

LES MÊMES, MONTE-CRISTO.

MONTE-CRISTO.

Merci, Messieurs!

DEBRAY.

Comte, voulez-vous me permettre d'aller jusqu'à ces messieurs leur demander quelle cause les retient loin de nous?

MONTE-CRISTO.

J'allais vous en prier. (Debray sort.) Laissez-moi, M. de Chateaubrun, vous renouveler tous mes remerciemens.

CHATEAUBRUN.

Et de quoi, monsieur?

MONTE-CRISTO.

Vous avez consenti à me servir de témoin sans me connaître, sans savoir si j'avais tort ou raison, si ma cause était juste ou injuste.

CHATEAUBRUN.

Ecoutez, comte, je vous ai regardé hier pendant toute cette scène de provocation; j'ai pensé à votre assurance toute cette nuit et je me suis dit que la justice devait être pour vous, ou qu'il n'y avait plus aucun fond à faire sur le visage des hommes.

MONTE-CRISTO.

Qu'avez-vous fait après m'avoir quitté?

CHATEAUBRUN.

J'ai été chez Tortoni, où, comme je m'y attendais, j'ai trouvé Beauchamp et Frantz, que Morcerf a pris pour son second témoin; je vous avoue que je les cherchais.

MONTE-CRISTO.

Pourquoi faire, puisque tout était convenu?

CHATEAUBRUN.

J'espérais faire changer les armes, substituer l'épée au pistolet : le pistolet est aveugle.

MONTE-CRISTO, vivement.

Auriez-vous réussi, par bonheur?

CHATEAUBRUN.

Non, il paraît que votre force à l'épée est connue.

MONTE-CRISTO.

Bien Ainsi nous nous battons au pistolet.

CHATEAUBRUN.

Oui.

MONTE CRISTO.

A combien de pas?

CHATEAUBRUN.

A vingt.

MONTE-CRISTO.

Et nous tirons ensemble?

CHATEAUBRUN.

Non, vous tirez le premier.

MONTE-CRISTO,

Je tire le premier?

CHATEAUBRUN.

Oh! cela, je l'ai obtenu ou plutôt exigé, nous leur faisons assez de concessions pour qu'ils nous fassent celle-là.

MONTE-CRISTO.

Vous ne m'avez jamais vu tirer le pistolet, M. de Chateaubrun?

CHATEAUBRUN.

Non, jamais.

MONTE-CRISTO prenant un pistolet dans une boîte Voyez-vous ce petit arbre?

CHATEAUBRUN.

Lequel?

MONTE-CRISTO.

Près de ce chêne, il est à vingt pas à peu près, n'est-ce pas?

CHATEAUBRUN.

Oui.

MONTE-CRISTO.

Regardez, (il tire et le brise.)

CHATEAUBRUN.

O mon Dieu!

MONTE-CRISTO.

M. de Chateaubrun, n'oubliez jamais ce que vous venez de voir.

CHATEAUBRUN

C'est effrayant! Au nom du Ciel, comte, ne tuez pas Albert; le malheureux a une mère

MONTE-CRISTO.

C'est juste, et moi je n'en n'ai pas.

CHATEAUBRUN.

Oh! comte, soyez généreux. Sûr de votre coup comme vous l'êtes, je puis vous dire, vous, une chose qui serait ridicule si je la disais à un autre.

MONTE-CRISTO.

Laquelle ?

CHATEAUBRUN.

Blessez-le, mais ne le tuez pas.

MONTE-CRISTO.

Baron, je n'ai pas besoin d'être encouragé à ménager M. de Morcerf. M. de Morcef sera si bien ménagé, je vous l'annonce d'avance, qu'il reviendra tranquillement avec ses deux amis, tandis que moi...

CHATEAUBRUN.

Tandis que vous.

MONTE-CRISTO.

Tandis que moi, c'est autre chose, vous me rapporterez.

CHATEAUBRUN.

Allons donc !

MONTE-CRISTO.

C'est comme j'ai l'honneur de vous le dire, baron, Albert me tuera.

CHATEAUBRUN.

Que vous est-il donc arrivé depuis hier soir, comte ?

MONTE-CRISTO.

Ce qui est arrivé à Brutus la veille de la bataille de Philippes : J'ai vu un fantôme !

CHATEAUBRUN.

Et ce fantôme ?...

MONTE-CRISTO.

M'a dit que j'avais assez vécu. Mais voici ces messieurs. Venez, venez, je vous attends.

SCÈNE III.

BEAUCHAMP, MONTE-CRISTO, DEBRAY, CHATEAUBRUN, FRANTZ.

BEAUCHAMP.

Huit heures moins trois minutes, Messieurs, il n'y a pas de temps perdu.

MONTE-CRISTO.

Oh ! ce n'est pas dans cette intention que je le disais.

FRANTZ.

D'ailleurs, j'entends des pas de chevaux.

CHATEAUBRUN.

Messieurs, vous vous êtes munis de pistolets; M. le comte de Monte-Cristo déclare renoncer au droit qu'il avait de se servir des siens.

BEAUCHAMP.

Nous avions prévu cette délicatesse du comte, M. de Chateaubrun, et j'ai apporté des armes que j'ai achetées il y a huit ou dix jours, croyant que j'en aurais besoin pour une affaire pareille. Elles sont parfaitement neuves et n'ont encore servi à personne. Voulez-vous les visiter ?

CHATEAUBRUN.

Oh ! M. Beauchamp, lorsque vous m'assurez que M. de Morcerf ne connaît pas ces armes, vous pensez bien que votre parole me suffit.

DEBRAY.

Monsieur, voici Albert; il est à cheval.

BEAUCHAMP, regardant sa montre.

Huit heures.

FRANTZ.

Quelle imprudence de venir à cheval pour se battre au pistolet ! moi qui lui avais si bien fait sa leçon !

BEAUCHAMP.

Et puis, voyez donc, avec un col à sa cravate, avec un habit ouvert, avec un gilet blanc Que ne s'est-il fait tout de suite dessiner une mouche sur la poitrine : c'eût été plus tôt fait.

SCÈNE IV.

LES MÊMES, ALBERT, LE DOMESTIQUE au fond, tenant les deux chevaux.

ALBERT.

Merci, messieurs, d'avoir bien voulu vous rendre à mon invitation, et à vous aussi, M. de Chateaubrun, merci, approchez donc; vous n'êtes point de trop.

CHATEAUBRUN.

Vous ignorez peut-être, M. de Morcerf, que je suis le témoin de M. de Monte-Cristo ?

ALBERT.

Je n'en étais pas sûr, mais je m'en doutais Tant mieux, messieurs : plus il y aura d'hommes d'honneur ici, plus je serai satisfait.

FRANTZ.

M. Debray, vous pouvez annoncer à M. le comte de Monte-Cristo que nous nous tenons à sa disposition. (Beauchamp ouvre en même temps la boîte aux pistolets.)

ALBERT.

Attendez, messieurs, j'ai deux mots à dire à M. le comte de Monte-Cristo.

CHATEAUBRUN.

En particulier ?

ALBERT.

Non, monsieur, devant tout le monde.

CHATEAUBRUN, à Monte-Cristo.

Vous entendez ?

MONTE-CRISTO.

Que veut-il ?

CHATEAUBRUN.

Je l'ignore, mais il demande à vous parler

MONTE-CRISTO.

Oh ! qu'il ne tente pas Dieu par quelque nouvel outrage !

CHATEAUBRUN.

Je ne crois pas que ce soit son intention.

ALBERT.

Messieurs, approchez-vous, je vous prie ; je désire que pas un mot de ce que je vais avoir l'honneur de dire à M. le comte de Monte-Cristo ne soit perdu, car ce que je vais avoir l'honneur de lui dire sera répété par vous à qui voudra l'entendre, si étrange et si incompréhensible que mon discours vous paraisse.

MONTE-CRISTO.

J'attends, monsieur.

ALBERT.

Monsieur, hier je vous reprochais d'avoir divulgué la conduite de M. de Morcerf en Epire, car, si coupable que fût M. le comte de Morcerf, je ne croyais pas que ce fût vous qui eussiez le droit de le punir, mais aujourd'hui, monsieur, je sais que ce droit vous est acquis. Ce n'est point la trahison de Fernand Mondego vis-à-vis d'Ali-Pacha qui me rend si prompt à vous excuser, c'est la trahison du pêcheur Fernand envers vous, ce sont les malheurs inouïs qui ont été la suite de cette trahison ; aussi, je vous le dis, aussi, je le proclame tout haut : oui, monsieur, vous avez eu raison de vous venger de mon père, et moi, son fils, moi, le fils de Mercédès, je vous remercie de ne vous être vengé que de lui.

MONTE CRISTO, levant les yeux au ciel avec une expression de joie infinie.

Ah ! je te reconnais, Mercédès.

ALBERT.

Et maintenant, monsieur, si vous trouvez que les excuses que je viens de vous faire sont suffisantes, votre main, je vous prie.

Après le mérite si rare de l'infaillibilité qui semble être le vôtre, le premier de tous les mérites, à mon avis, est de savoir avouer ses torts, mais cet aveu, c'est moi qui le fais, car il me regarde seul. Un ange seul pouvait sauver l'un de nous de la mort, et l'ange est descendu du ciel, sinon pour faire de nous deux amis, hélas ! la fatalité rend la chose impossible, mais au moins deux hommes qui s'estiment.

MONTE-CRISTO.

Voici ma main, monsieur, mais pour vous, vous entendez ? pour vous seul, (bas) et pour votre mère.

ALBERT.

Merci, comte. Messieurs, vous le voyez, M. de Monte-Cristo veut bien agréer mes excuses ; j'avais agi précipitamment envers lui ; la colère est mauvaise conseillère. J'avais donc mal agi ; maintenant, ma faute est réparée j'espère bien que le monde ne me tiendra point pour lâche, parce que j'ai fait ce que ma conscience m'a ordonné de faire ; mais, en tout cas, si l'on se trompait sur mon compte, je tâcherais de redresser les opinions.

FRANTZ.

Que s'est-il donc passé cette nuit, M. de Beauchamp ? Il me semble que nous jouons ici un triste rôle.

BEAUCHAMP.

En effet, ce que vient de faire là Albert est bien misérable ou bien beau.

MONTE-CRISTO.

Toujours la Providence. Oh ! c'est d'aujourd'hui seulement que je suis bien certain d'être l'envoyé de Dieu.

ACTE CINQUIÈME.

HUITIÈME TABLEAU.

Un salon de chambre.

SCÈNE I.

LE PRÉSIDENT, SIX MEMBRES nommés en commission d'enquête, LE COMTE DE MORCERF.

FERNAND.

Messieurs les pairs, j'ai été assigné à comparaître devant vous, et, vous le voyez, je me suis rendu à vos ordres

LE PRÉSIDENT.

Vous savez quelle accusation pèse sur vous, M. le comte ?

FERNAND.

Je sais que deux calomniateurs anonymes, dirigés par une main ennemie .. ont essayé de ternir la vie d'un homme qui inspire une jalousie d'autant plus grande qu'il a été comblé des plus grands honneurs.

LE PRÉSIDENT.

Vous connaissez cette double accusation, monsieur le comte ?

FERNAND.

Oui, je la connais.

LE PRÉSIDENT.

Il est donc inutile de vous la lire.

FERNAND.

Inutile. Seulement, je ferai observer aux honorables pairs que cet article, outre son caractère extra-officiel, ne porte pas de désignation précise.

LE PRÉSIDENT.

C'est vrai... aussi, n'eussions-nous accordé à cet article aucune attention... si celui qui a paru, le même soir, dans le journal l'*Étoile*, n'avait pas, en formulant l'accusation, dénoncé le nom de l'accusé. Voici le second article :

« Cet officier français, au service d'Ali, pa-
» cha de Janina, dont parlait, ce matin, le
» journal l'*Impartial*, et qui non seulement
» vendit les châteaux de Janina, mais encore
» livra son bienfaiteur aux Turcs, s'appelait
» en effet, à cette époque, Fernand, comme l'a
» dit notre honorable confrère, mais, depuis,
» il a ajouté à ce nom de baptême un titre de
» noblesse et un nom de terre. Il s'appelle au-
» jourd'hui M. le comte de Morcerf, et fait
» partie de la chambre haute. »

Qu'avez-vous à répondre, M. le comte?

FERNAND.

J'ai à répondre, messieurs, que ni l'un ni l'autre de ces deux articles n'est signé... que bien peu des plus braves et des plus loyaux peuvent se vanter d'avoir traversé notre époque sans avoir eu à effacer de pareilles taches... j'ai à répondre qu'aucune preuve n'est émise à l'appui de l'infâme accusation, tandis que moi, messieurs, j'ai, au contraire, mille preuves qu'Ali Pacha m'a tenu dans son amitié et dans sa confiance jusqu'au dernier moment... Voici ma commission signée de lui... Voici son anneau, signe de commandement, avec lequel il cachetait d'ordinaire ses lettres, et qu'il m'avait donné lorsqu'il m'envoya à Constantinople pour traiter en son nom avec le grand Sultan... et pour que je pusse, lors de mon retour, à quelqu'heure du jour ou de la nuit que ce fût, pénétrer jusqu'à lui, fût-il dans son harem... malheureusement, comme vous le savez, messieurs, la négociation échoua, et, lorsque je revins, mon bienfaiteur était déjà mort, mais, à son dernier moment, sa confiance en moi était encore si grande, si entière, que ce fut à moi qu'il légua sa favorite Vasiliki et sa fille chérie Haydée.

LE PRÉSIDENT.

Ainsi, ce fut à vous, comte, que le pacha confia, en mourant, sa fille et sa maîtresse?

FERNAND.

Oui, monsieur... mais en cela comme dans tout le reste, le malheur me poursuivit; à mon retour, Vasiliki et sa fille avaient disparu.

LE PRÉSIDENT.

Vous les connaissiez, comte?

FERNAND.

Mon intimité avec le pacha, et l'extrême confiance qu'il avait en ma fidélité, m'avait permis de les voir plus de vingt fois.

LE PRÉSIDENT.

Avez-vous quelqu'idée de ce qu'elles sont devenues?

FERNAND.

Oui, monsieur, j'ai entendu dire qu'elles avaient succombé à leurs chagrins et peut-être à leur misère... Comme on me savait fidèle serviteur du pacha, ma vie courait de grands dangers, et, à mon suprême regret, je ne pus me mettre à leur recherche.

LE PRÉSIDENT.

Messieurs, vous avez entendu et suivi M. le comte dans ses explications. Ces attaques anonymes, si franchement, si loyalement repoussées par notre honorable collègue, vous paraissent-elles mériter plus ample information? (Muette dénégation des pairs.) Voulez-vous vous retirer, M. le comte, nous allons délibérer.

L'HUISSIER.

Une lettre!

LE PRÉSIDENT.

Donnez!

FERNAND.

Veuillez vous rappeler, messieurs, que j'ai la preuve la plus convaincante que l'on puisse fournir contre une attaque anonyme, c'est-à-dire l'absence de tout témoignage contre ma parole d'honnête homme... et la pureté de toute ma vie militaire.

LE PRÉSIDENT.

Je regretterais que vous eussiez parlé trop tôt, comte.

FERNAND.

Que voulez-vous dire, monsieur?

LE PRÉSIDENT.

Ou plutôt, je n'en doute point, le témoin qui se présente, et qui vient de se produire de lui-même, est appelé à prouver la parfaite innocence de notre collègue... Voici la lettre que je reçois :

« Monsieur le président, » la lettre m'est adressée, comme vous voyez : « A la mort
» d'Ali Pacha, j'assistais à ses derniers mo-
» mens, je puis donc fournir à la commission
» d'enquête, chargée d'examiner la conduite
» de M. le général comte de Morcerf, en Epire
» et en Macédoine, les renseignemens les plus
» positifs.

» Je sais ce que devinrent Vasiliky et Hay-
» dée; je me tiens à la disposition de la com-
» mission, et réclame même l'honneur de ma

» faire entendre... Je serai dans le vestibule
» de la chambre, au moment où l'on vous re-
» mettra ce billet. »

LE COMTE.

Oh!... et quel est ce témoin, ou plutôt cet
ennemi?

LE PRÉSIDENT.

Nous allons le savoir, monsieur, si la commission est d'avis de l'entendre.

LES VOIX.

Oui, oui, qu'il soit entendu... à l'instant
même, séance tenante.

LE PRÉSIDENT, à l'huissier.

Y a-t-il quelqu'un qui attende dans le vestibule?

L'HUISSIER.

Oui, monsieur.

LE PRÉSIDENT.

Qui est-ce?

L'HUISSIER.

Une femme.

LE PRÉSIDENT.

Bien   (Il fait un signe à l'huissier.

FERNAND.

Oh! mon Dieu! qui cela peut-il être?

SCÈNE II.

Les Précédens, HAYDÉE, elle est couverte
d'un voile qu'elle lève en descendant le
théâtre.

LE PRÉSIDENT.

Madame, c'est vous qui avez écrit à la commission, offrant de lui donner des renseignemens sur l'affaire de Janina?

HAYDÉE.

Oui, monsieur.

LE PRÉSIDENT.

Et vous avez avancé, dans la lettre, que
vous aviez été témoin oculaire des événemens.

HAYDÉE.

C'est la vérité!

LE PRÉSIDENT.

Permettez moi de vous dire que vous étiez
bien jeune alors, madame.

HAYDÉE.

J'avais quatre ans; mais comme ces détails
avaient pour moi une suprême importance,
aucun n'est sorti de ma mémoire.

LE PRÉSIDENT.

Mais quelle importance avaient donc pour
vous ces événemens?

HAYDÉE.

Il s'agissait de la vie ou de la mort de mon
père.

LE PRÉSIDENT.

De votre père!.. Qui donc êtes-vous?

HAYDÉE.

Je suis Haydée, fille d'Ali Tebelin, pacha
de Janina, et de Vasiliki, sa femme bien
aimée.

FERNAND.

Haydée! Haydée!

LE PRÉSIDENT.

Madame, permettez moi une seule question, qui n'est pas un doute... Pouvez-vous
justifier l'authenticité de ce que vous dites?

HAYDÉE.

Je le puis, monsieur, car voici l'acte de ma
naissance, rédigé par mon père, et signé par
ses principaux officiers, car voici, avec l'acte
de ma naissance, l'acte de mon baptême, mon
père ayant consenti à ce que je fusse élevée
dans la religion chrétienne, acte que le pri-
mat de Macédoine et d'Épire a revêtu de son
sceau... Voici enfin l'acte de vente, de la
vente qui fut faite de ma personne et de celle
de ma mère, au marchand Arménien El Kebbir par l'officier franc, qui, dans son infâme
marché avec la Porte, s'était réservé, pour sa
part de butin, la fille et la femme de son bienfaiteur, qu'il vendit pour la somme de mille
bourses, c'est-à-dire pour 400,000 fr., à peu
près.

LE PRÉSIDENT.

Voici l'acte :   (Lisant.)

« Moi, El Kebbir, marchand d'esclaves, et
» fournisseur du harem de Sa Hautesse, re-
» connais avoir reçu, pour la remettre au su-
» blime empereur, du seigneur franc, comte
» de Monte-Cristo, une émeraude évaluée
» deux mille bourses, pour prix d'une jeune
» esclave chrétienne, âgée de onze ans, du
» nom de Haydée, et fille reconnue du dé-
» funt seigneur Ali Tebelin, pacha de Janina,
» et de Vasiliki, sa favorite.» (S'interrompant.

HAYDÉE.

Continuez.

LE PRÉSIDENT.

« Laquelle m'avait été vendue, il y a sept
» ans, avec sa mère, morte en arrivant à
» Constantinople, par un colonel franc au
» service du visir Ali, nommé Fernand Mon-
» dégo.

    » Fait et délivré à Constantinople, avec
        » l'autorisation de Sa Hautesse, l'an
        » 1217 de l'Hégire.   EL KEBBIR.

» Le présent acte, pour lui donner toute
» foi, toute croyance et toute authenticité,
» sera revêtu du sceau impérial, que le ven-
» deur s'oblige d'y faire apposer.»

M. de Morcerf, d'après l'authenticité incon-
testable de ces actes, reconnaissez-vous madame pour la fille d'Ali Tebelin, pacha de Janina?

FERNAND.

Non, et c'est sans doute quelque trame ourdie par mes ennemis.

HAYDÉE.

Tu ne me reconnais pas... tu ne me reconnais pas pour la fille d'Ali !... mais, heureusement, je te reconnais, moi... tu es Fernand Mondego, l'officier franc qui instruisait les troupes de mon noble père; c'est toi qui as livré les châteaux de Janina; c'est toi qui, envoyé par lui à Constantinople pour traiter directement avec l'empereur de la vie ou de la mort de ton bienfaiteur, as rapporté un faux firman qui accordait grâce entière, tandis que le véritable firman demandait sa tête; c'est toi, enfin, qui nous as vendues, ma mère et moi, au marchand El Kebbir. Assassin ! assassin ! assassin ! tu as encore au front le sang de ton maître, regardez tous.

(Morcerf porte la main à son front.)

LE PRÉSIDENT.

Vous reconnaissez donc positivement M. de Morcerf pour être le même que l'officier Fernand Mondego?

HAYDÉE.

Si je le reconnais ! ô ma mère, tu m'as dit : «Haydée ! tu étais libre, tu avais un père que tu aimais, tu étais destinée à être presque une reine, regarde bien cet homme, qui a jeté dans le manteau de séradkier la tête coupée de ton père, c'est lui qui nous a vendues. c'est lui qui nous a livrées... Regarde bien sa main droite, celle qui a une cicatrice ; si tu oubliais son visage, tu le reconnaîtras à cette main, dans laquelle sont tombées, une à une,

les pièces d'or du marchand El Kebbir...» Si je le reconnais!... Oh! qu'il dise maintenant lui-même si je ne le reconnais pas.

(Le comte tombe sur une chaise, la tête dans ses mains.)

LE PRÉSIDENT.

M. le comte, ne vous laissez point abattre; la justice de la cour est suprême et égale pour tous comme celle de Dieu. Elle ne vous laissera point écraser par vos ennemis... sans vous donner les moyens de les combattre Répondez... Que décidez-vous ?

FERNAND.

Rien !

LE PRÉSIDENT.

La fille d'Ali Tebelin a donc déclaré bien réellement la vérité, elle est donc bien réellement ce témoin terrible auquel il arrive toujours que le coupable n'ose répondre non ? Vous avez donc fait bien réellement toutes les choses dont on vous accuse ?

FERNAND se lève chancelant, ouvre violemment son habit pour respirer, et s'élance hors de la Chambre en criant :

Oh ! je saurai qui !   (Il sort.)

LE PRÉSIDENT.

Messieurs, le comte de Morcerf est-il convaincu de félonie, de trahison et d'indignité ? (Signe affirmatif des pairs.) A partir de cette heure, M. de Morcerf ne fait plus partie de la la Chambre haute.

HAYDÉE, ramenant son voile sur ses yeux.

C'est justice !

NEUVIÈME TABLEAU.

Chez Morcerf. — Même décor qu'au 1er acte.

SCÈNE I.

ALBERT, à une table et écrivant.

Voici l'inventaire exact de tout ce que je possède, ou plutôt de tout ce que je possédais. Vienne le dernier coup, maintenant je suis prêt.

GERMAIN.

M. de Beauchamp.

ALBERT.

Faites entrer.

ꞏꞏꞏ

SCÈNE II.

ALBERT, BEAUCHAMP.

ALBERT.

Eh bien, mon ami ?

BEAUCHAMP.

Eh bien, le jugement est rendu.

ALBERT.

Condamné?

BEAUCHAMP.

Rayé de la liste des pairs.

ALBERT.

Je m'y attendais, mon ami. Venez, il faut que vous me rendiez un grand, un dernier service.

BEAUCHAMP.

Dites, mon cher, je ferai tout ce qui pourra vous être agréable.

ALBERT.

Je juge l'avenir par le passé, Beauchamp, vous avez déjà fait pour moi plus qu'on ne fait d'ordinaire pour un ami.

BEAUCHAMP.

Eh bien, dites, que voulez-vous?

ALBERT.

Beauchamp, je quitte Paris, la France, l'Europe. Voici un inventaire de tout ce que je possède, de mes tableaux, de mes porcelaines, de mes armes, de mon argenterie, mes deux chevaux et mon coupé sont portés dessus. Beauchamp, à cet inventaire est joint une procuration; moi parti, vous ferez vendre tout cela.

BEAUCHAMP.

Bien, mon ami, et je vous en enverrai l'argent.

ALBERT.

Non, mon ami, l'argent a un autre emploi. Vous le déposerez à la caisse des prisonniers.

BEAUCHAMP.

A la caisse des prisonniers?

ALBERT.

Oui. Ne m'interrogez pas, Beauchamp, c'est une expiation; cet or et ces billets leur appartiennent pareillement.

BEAUCHAMP.

Mais vous vous dénudez, mon cher.

ALBERT.

Non, mon cher, car il me reste cinq cents francs.

BEAUCHAMP.

Cinq cents francs!

ALBERT.

Oui... que vous allez me prêter.

BEAUCHAMP, tirant son porte-monnaie.

Oh! par exemple, avec le plus grand bonheur, mon cher.

ALBERT.

Je dois vous prévenir d'une chose, Beauchamp; c'est que je ne sais pas quand je vous les rendrai. Je sais que je vous les rendrai, voilà tout.

BEAUCHAMP.

Oh! mon ami!

ALBERT.

Maintenant, Beauchamp, quelque part que je sois, vous savez que, sous l'habit que je porterai, il y a un cœur reconnaissant et prêt à verser pour vous son sang jusqu'à la dernière goutte.

BEAUCHAMP.

Ah! cher Albert, qu'il doit y avoir quelque chose de grand sous ce que je ne vois pas!

ALBERT.

Vous me faites meilleur que je ne suis, Beauchamp. A Germain, qui entre. Que me voulez-vous?

GERMAIN.

M. le comte rentre de la chambre.

ALBERT.

Après?

GERMAIN.

M. le comte me fait demander.

ALBERT.

Eh bien!

GERMAIN.

Je n'ai pas voulu me rendre chez M. le comte sans prendre les ordres de monsieur.

ALBERT.

Pourquoi cela?

GERMAIN.

Parce que M. le comte sait que ce matin monsieur a dû se battre, et que j'ai accompagné monsieur sur le terrain.

ALBERT.

Achevez?

GERMAIN.

Et si M. le comte me fait demander, c'est sans doute pour m'interroger sur ce qui s'est passé là-bas. Que dois-je répondre?

ALBERT.

La vérité.

GERMAIN.

Alors je dirai que la rencontre n'a pas eu lieu.

ALBERT.

Vous direz que j'ai fait des excuses à M. le comte de Monte-Cristo, et que M. le comte de Monte-Cristo a bien voulu les recevoir; allez. (Le domestique sort.) Maintenant, Beauchamp, mon ami, l'heure est venue de nous quitter, embrassez-moi.

BEAUCHAMP.

Cher Albert!

ALBERT.

Et si, moi parti, on m'attaque?

BEAUCHAMP.

Oh! soyez tranquille, j'ai les deux grands moyens de défense de ce monde, la plume et l'épée.

ALBERT.

Si l'on m'attaque, ne me défendez pas; j'ai l'avenir, il défendra le passé. Adieu, Beauchamp, adieu.

BEAUCHAMP.

Adieu, mon ami.

∞∞∞∞∞∞∞∞∞∞∞∞∞∞∞∞∞∞∞∞∞∞∞∞∞∞∞∞∞∞∞∞∞∞

SCÈNE III.

ALBERT seul, puis **MERCÉDÈS.**

ALBERT.

Allons! c'est le premier détachement du monde, ce n'est malheureusement pas le plus douloureux! (Il va pour sortir, Mercédès paraît en costume de Catalane.) Ma mère, j'allais chez vous.

MERCÉDÈS.

Je viens chez toi.

ALBERT.

Que signifie ce costume, ma mère?

MERCÉDÈS.

C'est le seul que j'aie le droit d'emporter de
cet hôtel, car c'est le seul qui n'ait point été
payé avec l'argent de la trahison.

ALBERT.

Et vos meubles, vos bijoux, vos châles, ma
mère?

MERCÉDÈS.

Je viens de laisser un état exact de tout
cela, et tout cela sera vendu.

ALBERT.

Vendu!

MERCÉDÈS.

Oui.

ALBERT.

Vendu!

MERCÉDÈS.

Au profit?...

ALBERT.

Au profit?...

MERCÉDÈS, avec effort.

Des prisonniers.

ALBERT.

Ah! ah! ma mère, je suis donc meilleur
que je ne croyais, puisque j'ai eu la même
idée que vous!

MERCÉDÈS.

Albert, je pars.

ALBERT.

Moi aussi, ma mère.

MERCÉDÈS.

Oh! je m'en doutais, mais j'ai compté, je l'a-
voue, que mon fils m'accompagnera; me suis-je
trompée?

ALBERT.

Ma mère, je ne puis vous faire partager le
sort que je me destine; il faut que je vive dé-
normais sans nom, sans fortune. J'ai dû, pour
commencer l'apprentissage de cette rude existence, emprunter à un ami le pain que je
mangerai.

MERCÉDÈS.

Toi, mon pauvre enfant, souffrir de la misère, souffrir de la faim. Oh! ne dis pas cela,
tu briserais toutes mes résolutions.

ALBERT.

Prenez garde de trop insister ma mère, car
mes ré-olutions étaient prises pour moi seul,
et non pour vous. En partant, je croyais vous
laisser ici, sinon heureuse, du moins riche. Et
cependant, j'avais prévu toute la grandeur de
votre âme, toute la noblesse de votre cœur.
Attendez, je n'ai qu'une adresse à mettre à
cette lettre, (il écrit.) Veuillez sonner ma mère,
(elle sonne.) Germain, il y a réponse.

GERMAIN.

Bien, Monsieur. L'intendant de M. le comte
de Monte-Cristo est-là; il demande à remettre
une lettre à vous même

ALBERT.

Faites entrer.

MERCÉDÈS.

Une lettre du comte.

SCÈNE IV.

LES MÊMES, BERTUCCIO.

BERTUCCIO.

Une lettre du comte, Excellence.

ALBERT.

Y a-t-il réponse?

BERTUCCIO.

Non, Excellence.

ALBERT.

Merci, mon ami. Germain, dites au suisse
que nous n'y sommes pour personne. A propos, M. de Morcerf?

GERMAIN.

Il a ordonné de ne pas dételer sa voiture; il
est enfermé chez lui, je crois qu'il écrit.

ALBERT.

C'est bien, allez.

SCÈNE V.

MERCÉDÈS, ALBERT.

ALBERT.

Lisons, ma mère, (Mercédès s'approche, Albert lit tout haut) : « Albert, En vous montrant
» que j'ai pénétré le projet auquel vous êtes
» sur le point de vous abandonner, je crois
» vous montrer ainsi que je comprends la dé-
» licatesse. Vous voilà libre, vous quittez l'hô-
» tel du comte, et vous allez retirer chez vous
» votre mère libre comme vous; mais réflé-
» chissez, Albert, vous lui devez plus que vous
» ne pouvez lui payer, pauvre noble cœur que
» vous êtes, gardez pour vous la lutte, récla-
» mez pour vous la souffrance, mais épargnez-
» lui cette première misère qui accompagnera
» nécessairement vos premiers efforts, car
» elle ne mérite pas même le reflet du mal-
» heur qui la frappe aujourd'hui, et la provi-
» dence ne veut pas que l'innocent paie pour
» le coupable. Je sais que vous allez quitter
» tous deux la maison de la rue du Helder
» sans rien emporter. Comment je l'ai appris,
» ne cherchez point à le découvrir : je le sais,
» voilà tout. Ecoutez, Albert: il y a vingt-
» quatre ans, je revenais bien joyeux et bien
» fier dans ma patrie; j'avais une fiancée, Al-
» bert, une sainte jeune fille que j'adorais,
» et je rapportais à ma fiancée cent-cinquante

» louis que j'avais amassés péniblement, par
» un travail sans relâche. Cet argent était pour
» elle ; je le lui destinais, et, sachant combien
» la mer est perfide, j'avais enterré notre trésor
» dans le jardin de la maison que mon père
» habitait à Marseille, sur les allées de Meil-
» lan. Votre mère, Albert, connait bien cette
» pauvre chère maison. Dernièrement, en ve-
» nant à Paris, j'ai passé par Marseille, je suis
» allé voir cette maison aux douloureux sou-
» venirs, et le soir, une bêche à la main, j'ai
» sondé le coin où j'avais enfoui mon trésor.
» La cassette de fer était encore à la même
» place, personne n'y avait touché. Elle est
» dans l'angle qu'un beau figuier, planté par
» mon père le jour de ma naissance, couvre
» de son ombre. Eh bien ! Albert, cet argent
» qui autrefois devait aider à la vie et à la
» tranquillité de cette femme que j'adorais,
» voilà qu'aujourd'hui, par un hasard étrange
» et douloureux, il a retrouvé le même em-
» ploi, voilà que cette petite maison que nous
» devions habiter à nous deux, voilà qu'elle va
» l'habiter seule. Oh ! comprenez bien ma pen-
» sée, à moi qui pourrais offrir des millions à
» cette pauvre femme, et qui lui rends seule-
» ment le morceau de pain noir oublié sous
» notre pauvre toit, depuis le jour où j'ai été
» séparé de celle que j'aimais.

» Edmond DANTÈS. »

MERCÉDÈS.

Oh ! j'accepte. Il a le droit de payer la dot
que j'apporterai dans un couvent.

ALBERT.

Oh ! ma mère ! ma mère ! je vous dirai comme Hamelet, quelle différence !...

MERCÉDÈS, se laissant glisser à genoux.
Albert !

ALBERT, l'embrassant.

Eh bien, voyons, ma mère, calculons toutes
nos richesses ; j'ai besoin d'un total pour
échafauder mes plans : d'abord, trois mille
six cents francs. Avec ces trois mille six cents
francs et ce dont je puis disposer de mon côté,
j'ai la prétention de faire face à toutes nos dé-
penses.

MERCÉDÈS

Pauvre enfant !

ALBERT.

Oh ! je vous ai dépensé assez d'argent, ma
mère, pour en connaître le prix ; soyez tranquille, sur ces trois mille six cents francs, je
viens donc de bâtir un avenir d'éternelle sé-
curité.

MERCÉDÈS.

Eh bien ! voyons, qu'avez-vous décidé, Albert ?

ALBERT.

D'abord, avec deux cents francs, nous allons tous les deux à Marseille.

MERCÉDÈS.

Mais les avez-vous même, ces deux cents
francs ?

ALBERT.

Je viens d'en emprunter cinq cents à Beauchamp, donc ces deux cents francs, les voici,
et trois cents autres encore ; puis tenez...

MERCÉDÈS.

Qu'est-ce que ceci ?

ALBERT.

Mille francs, ma mère !

MERCÉDÈS.

Mais, d'où viennent ces mille francs ?

ALBERT.

Ecoutez, et ne vous émotionnez pas trop.
(Il l'embrasse.) Vous n'avez pas idée, ma mère,
comme je vous trouve belle sous ce costume.

MERCÉDÈS.

Cher enfant !

ALBERT.

En vérité, il ne vous manquait que d'être
malheureuse pour changer mon amour en
adoration.

MERCÉDÈS.

Je ne suis pas malheureuse tant que j'ai
mon fils ; je ne serai pas malheureuse tant que
je l'aurai.

ALBERT.

Ah ! justement, voilà où commence l'épreuve. Ma mère, vous savez ce qui est convenu ?

MERCÉDÈS.

Sommes-nous convenus de quelque chose ?

ALBERT.

Oui. Nous sommes convenus que vous ha-
biteriez Marseille, et que moi... et que moi...
je partirai pour l'Afrique.

MERCÉDÈS.

Oh !

ALBERT.

Depuis ce matin, je me suis engagé dans les
spahis, ou plutôt, croyant que mon corps était
bien à moi et que je pouvais le vendre, depuis ce matin, je remplace quelqu'un.

MERCÉDÈS.

Mon Dieu !

ALBERT.

Je me suis vendu, comme on dit, plus cher,
ma foi, que je ne croyais valoir : deux mille
francs !

MERCÉDÈS.

Et ces mille francs ?

ALBERT.

Ce sont les arrhes, la moitié de la somme,
car le marché était conditionnel ; si vous ne
partiez pas, si vous restiez à Paris, je m'en-
gageais seulement.

MERCÉDÈS.

Mon Dieu ! Et c'est pour moi, non, non.

ALBERT.

La lettre que je viens d'envoyer par Germain rend le marché définitif ; les autres mille francs viendront dans un an.

MERCÉDÈS.

Oh ! le prix de son sang !

ALBERT.

Oui, si je suis tué. Oh ! mais je t'assure, bonne mère, que je suis au contraire dans l'intention de défendre cruellement ma vie. Je ne me suis jamais senti en si bonne disposition de vivre que dans ce moment.

MERCÉDÈS.

Mon Dieu ! Mon Dieu !

ALBERT.

D'ailleurs, pourquoi voulez-vous que je sois tué ? Est-ce que nos grands généraux de l'armée d'Afrique ont été tués ? est-ce que Morrel, que nous connaissons, a été tué ? Vous verrez comme je serai beau sous mon uniforme brodé ; j'ai choisi celui-là par un reste de coquetterie. Eh bien ! donc, vous comprenez, ma mère, voilà déjà cinq mille six cents francs assurés. Avec cela, dans la petite maison qui vous appartiendra, vous vivrez deux bonnes années.

MERCÉDÈS.

Je vivrai avec la moitié, avec le quart : je vivrai de pain, s'il le faut, mais ne pars pas ?

ALBERT.

Ma mère je partirai, vous m'aimez trop pour me laisser près de vous, oisif et inutile ; d'ailleurs, j'ai signé.

MERCÉDÈS.

Tu feras selon ta volonté, mon fils ; moi je ferai selon celle de Dieu.

ALBERT.

Non pas selon ma volonté, ma mère, mais selon la raison, selon la nécessité. Nous sommes deux créatures désespérées n'est-ce pas ? qu'est-ce que la vie pour vous aujourd'hui ? rien. Qu'est-ce que la vie aujourd'hui pour moi ? oh ! bien peu de chose ; car, je vous le jure, cette vie eût cessé à l'heure où mon père avait déshonoré notre nom. Enfin, je vis, si vous me permettez d'espérer encore, si vous me laissez le soin de faire votre bonheur à venir, vous doublez ma force. Alors, je vais trouver, là-bas, le gouverneur de l'Algérie.

C'est un cœur loyal et essentiellement soldat, je lui conte ma lugubre histoire, je le prie de tourner, de temps en temps, les yeux du côté où je serai, et, s'il me tient parole, s'il me regarde faire, avant six mois, sous un nouveau nom, sous le vôtre ma mère, Albert sera officier ou mort. Si je suis officier, votre sort est assuré, car j'aurai de l'argent pour vous et pour moi et de plus un nouveau nom, dont nous serons fiers tous les deux. Si je suis tué, alors, chère mère, vous mourrez, s'il vous plaît de mourir, et alors nos malheurs auront leur terme dans leur excès même.

MERCÉDÈS.

C'est bien, tu as raison, mon fils. Prouvons à certaines gens, qui nous regardent et qui attendent nos actes pour nous juger, prouvons-leur que nous sommes au moins dignes d'être plaints.

ALBERT.

Mais pas de funèbres idées, chère mère. Une fois au service, me voilà riche ; une fois dans la maison de M. Dantès, vous voilà tranquille, essayons, ma mère, essayons.

MERCÉDÈS.

Oui, essayons, car tu dois vivre, car tu dois être heureux.

ALBERT.

Et quand quittez-vous l'hôtel ?

MERCÉDÈS.

A l'instant même.

ALBERT.

Nous partons pour Marseille ?

MERCÉDÈS.

Dans une heure, si tu veux.

ALBERT.

Ma mère, je vous attends.

MERCÉDÈS.

Je suis prête.

ALBERT.

Ma mère !

MERCÉDÈS.

Mon fils ?

ALBERT.

Avant de quitter Paris, n'est-il pas un homme à qui nous devons un dernier adieu ?

MERCÉDÈS.

A Edmond Dantès !

ALBERT.

Non, au comte de Monte-Cristo.

MERCÉDÈS.

Viens, mon enfant, viens.

DIXIÈME TABLEAU.

Chez Monte-Cristo. — La salle des Armes.

SCÈNE I.

HAYDÉE, MONTE-CRISTO.

MONTE-CRISTO, assis; Haydée, couchée à ses pieds.

Et tu lui es donc apparue comme la Némésis vengeresse, à cet homme?

HAYDÉE.

Oh! oui, mon noble seigneur, l'âme de mon père était passée dans la mienne, elle donnait l'accent de la conviction à chacune de mes paroles, et il a roulé, du haut de son orgueil, comme un Titan du haut de Pélion.

MONTE-CRISTO.

Que tu es belle, ma fille!

HAYDÉE.

Que tu es bon, monseigneur.

MONTE-CRISTO.

O mon Dieu seigneur, ne me laissez pas trop aller à cette espérance, qu'il peut exister, pour le même homme, deux Mercédès dans le même monde.

SCÈNE II.

LES MÊMES, BERTUCCIO

BERTUCCIO.

Excellence!

MONTE-CRISTO

Hein?

BERTUCCIO.

Je sais que son excellence avait défendu sa porte, mais...

MONTE-CRISTO.

Mais?...

BERTUCCIO.

Mais c'est M. le comte de Morcerf.

MONTE-CRISTO.

Le comte ou le vicomte.

BERTUCCIO.

Le comte, et comme il a dit que c'était pour une affaire d'honneur, j'ai cru, moi qui connais son excellence, que, devant ce mot-là, toutes les portes devaient s'ouvrir.

MONTE-CRISTO.

Vous avez raison, Bertuccio: ou est le comte?

BERTUCCIO.

A la porte, dans son coupé.

MONTE-CRISTO.

Faites-le venir. (Bertuccio sort.

HAYDÉE.

Mon Dieu, n'est-ce point fini encore.?

MONTE-CRISTO.

Je ne sais si c'est fini, mon enfant bien aimée, mais ce que je sais, c'est que tu n'as rien à craindre.

HAYDÉE.

Prends garde, monseigneur, prends garde: tu sais que c'est un misérable à qui tous les moyens sont bons.

MONTE-CRISTO.

Cet homme ne peut rien sur moi, Haydée, c'est quand j'avais affaire à son fils que tu devais craindre.

HAYDÉE.

Aussi, ce que j'ai souffert, moi qui avais tout entendu, oh! tu ne le sauras jamais, monseigneur.

MONTE-CRISTO, étendant la main.

Par la tombe de mon père, je te jure que, s'il arrive malheur, ce ne sera point à moi.

HAYDÉE.

Je te crois, monseigneur, comme si Dieu me parlait.

MONTE-CRISTO.

Cet homme ne doit pas te voir, Haydée, laisse-nous.

HAYDÉE, lui présentant le front.

Tu as dit que je n'avais rien à craindre pour l'âme de mon corps?

MONTE-CRISTO.

Non.

HAYDÉE.

Je te laisse, monseigneur.

MONTE-CRISTO.

Mon Dieu, permettriez-vous donc que je puisse aimer encore!   (Haydée sort.)

SCÈNE III.

MONTE-CRISTO, LE COMTE sur la porte.

MONTE-CRISTO.

Eh! c'est M. de Morcerf. Je croyais avoir mal entendu, monsieur, quand on vous a annoncé à moi tout à l'heure.

MORCERF.

Oui, c'est moi-même, monsieur.

MONTE-CRISTO.

Il me reste à savoir maintenant la cause qui me procure l'honneur de voir M. de Morcerf, honneur auquel je ne m'attendais pas

MORCERF

Monsieur, vous avez eu ce matin une rencontre avec mon fils.

MONTE-CRISTO.

Vous savez cela ?

MORCERF.

Et je sais aussi que mon fils avait de bonnes raisons pour désirer se battre contre vous et faire tout ce qu'il pourrait pour vous tuer.

MONTE-CRISTO.

En effet, monsieur, il en avait de bonnes, mais vous voyez que, malgré cela, non-seulement il ne m'a pas tué, mais encore il ne s'est pas battu.

MORCERF.

Et cependant il vous regardait comme la cause du déshonneur de son père, comme la cause de la ruine effroyable qui, en ce moment-ci, accable ma maison.

MONTE-CRISTO.

C'est vrai, monsieur, cause secondaire, par exemple, et non principale.

MORCERF.

Mais, sans doute, vous lui avez fait quelqu'excuse ou donné quelqu'explication?

MONTE-CRISTO.

Je ne lui ai donné aucune explication, et c'est lui qui m'a fait des excuses.

MORCERF.

Alors à quoi attribuez-vous cette conduite ?

MONTE-CRISTO.

A la conviction qu'il y avait probablement dans tout ceci un homme plus coupable que moi.

MORCERF.

Et quel était cet homme ?

MONTE-CRISTO.

Son père.

MORCERF.

Soit, mais vous savez que le coupable n'aime point à s'entendre convaincre de culpabilité.

MONTE-CRISTO.

Je le sais, aussi je m'attendais à ce qui arrive en ce moment.

MORCERF.

Vous vous attendiez à ce que mon fils fût un lâche?

MONTE-CRISTO.

M. Albert de Morcerf n'est point un lâche.

MORCERF.

Un homme qui tient à la main une épée ou un pistolet, qui, à la pointe de cette épée ou au bout de ce pistolet, tient un ennemi mortel, cet homme, s'il ne se bat point, est un lâche. Que n'est-il ici pour que je le lui dise!

MONTE-CRISTO.

Je ne présume pas que vous soyez venu me déranger, monsieur, pour me conter vos

petites affaires de famille. Allez dire cela à M. Albert, peut-être saura-t-il que vous répondre.

MORCERF.

Oh! non, non, vous avez raison ; je ne suis pas venu pour cela ; je suis venu pour vous dire que moi aussi je vous regarde comme mon ennemi. Je suis venu pour vous dire que je vous hais d'instinct, qu'il me semble que je vous ai toujours connu, toujours haï, et qu'enfin, puisque les jeunes gens de notre époque ne se battent plus, c'est aux pères de se battre pour eux. Est-ce votre avis, monsieur?

MONTE-CRISTO.

Parfaitement. Aussi, quand je vous ai dit que j'avais prévu ce qui arrivait, c'est de l'honneur de votre visite que j'ai voulu parler.

MORCERF.

Tant mieux; vos préparatifs sont faits alors?

MONTE-CRISTO.

Ils le sont toujours, monsieur. Voyez. (Il lui montre sur une table épées et pistolets.)

MORCERF.

Vous savez qu'une fois sur le terrain, nous nous battrons jusqu'à la mort d'un de nous deux?

MONTE-CRISTO.

Jusqu'à la mort d'un de nous deux.

MORCERF.

Partons alors, car nous n'avons pas besoin de témoins.

MONTE-CRISTO.

C'est inutile, nous nous connaissons si bien.

MORCERF.

Au contraire, c'est que nous ne nous connaissons pas.

MONTE-CRISTO.

Bah! voyons un peu. N'êtes-vous pas le soldat Fernand, qui a déserté la veille de la bataille de Waterloo? N'êtes-vous pas le lieutenant Fernand, qui a servi de guide et d'espion à l'armée française en Espagne? N'êtes-vous pas le colonel Fernand, qui a trahi, vendu et assassiné son bienfaiteur Ali? et tous ces Fernand-là réunis n'ont-ils pas fait le général comte de Morcerf, ex-pair de France?

MORCERF.

Oh! le misérable, à qui je propose un duel et qui me marque avec un fer rouge. Oh! misérable, qui me reproche ma honte au moment peut-être où il va me tuer! Non, je n'ai point dit que je t'étais inconnu. Je sais bien, démon, que tu as pénétré dans la nuit du passé, et que tu y as lu, à la lueur de quel flambeau? je l'ignore, chaque page de ma vie; mais peut-être y a-t-il plus d'honneur encore en moi, dans mon opprobre,

10

qu'en toi, sous tes dehors pompeux. Mon nom, je te suis connu, je le sais; mais c'est toi que je ne connais pas, aventurier cousu d'or et de pierreries. Tu t'es fait appeler, à Paris, le comte de Monte-Cristo. En Italie, Simbad le marin. A Malte, que sais-je, moi? je l'ai oublié. Mais c'est ton nom réel que je te demande; c'est ton vrai nom que je veux savoir, au milieu de tes cent noms, afin que je le prononce sur le terrain du combat, au moment où je t'enfoncerai mon épée dans le cœur. (Monte-Cristo s'élance dans un cabinet.) Eh bien! tu m'échappes, tu me fuis? Oh! je te suivrai.

(Il prend un pistolet sur la table, et s'élance. Au moment où il s'approche du seuil de la porte, Monte-Cristo reparaît. Il a eu le temps de jeter sa robe de chambre de velours noir, d'endosser une veste de marin et de se coiffer d'un chapeau de marin.)

MONTE-CRISTO.

Fernand, de mes cent noms je n'aurais besoin de t'en dire qu'un seul pour te foudroyer; mais ce nom, tu le devines, n'est-ce pas? ou plutôt tu te le rappelles; car, malgré tous mes chagrins, toutes mes tortures, je me montre aujourd'hui un visage que la vengeance rajeunit, un visage que tu dois avoir vu bien souvent dans tes rêves, depuis ton mariage avec Mercédès, ta fiancée, regarde, regarde.

MORCERF, épouvanté.

Edmond Dantès!....

(Il fuit dans la chambre à côté. On entend un coup de pistolet. Monte-Cristo s'élance, regarde, et jette un cri.)

BERTUCCIO annonçant.

M. le vicomte et madame la comtesse de Morcerf.

MONTE-CRISTO tirant vivement la portière qui cache le corps.

Oh!... (A Bertuccio.) C'est bien.

SCÈNE IV.

MONTE-CRISTO, MERCÉDÈS, ALBERT.

MERCÉDÈS.

Edmond!

MONTE-CRISTO

Mercédès!

MERCÉDÈS.

Je pars pour Marseille, Edmond; pardonnez-moi; mon fils part pour l'Afrique, bénissez-le.

MONTE-CRISTO.

Oh! (Il ouvre les bras.)

MERCÉDÈS.

Albert dans les bras de Dantès. Oh! mon Dieu! je vous remercie, car j'ai vu ce que je n'espérais jamais voir. Viens, Albert. Adieu, Edmond.

MONTE-CRISTO

Adieu!.. Adieu!... (Ils s'éloignent.)

SCÈNE V.

MONTE-CRISTO, HAYDÉE.

HAYDÉE se glissant sous le bras de Monte-Cristo.

Dieu m'a faite plus jeune qu'elle, monseigneur, pour que j'aie le bonheur de t'aimer plus longtemps.

MONTE-CRISTO.

Sois la bien venue, ange de l'espérance, qui viens trouver l'ange du châtiment.

FIN DU COMTE DE MORCERF.

Paris. — Imprimerie de Dubuisson, rue Coq-Héron, 5.

Un mari charmant, v., 1 acte.
Un mari du bon temps, vaud., 1 acte. — 60
Un mari, s'il vous plaît, vaud., 1 acte. — 60
Un ménage parisien, dr., 2 actes. — 60
Un moment d'imprudence, com., 3 a. — 60
Un monsieur et une dame, vaud., 1 a. — 60
Un page du régent, vaud., 1 acte. — 60
Un péché de jeunesse, v., 1 acte. — 60
Un premier amour, v., 3 actes. — 60
Un scandale, v., 1 acte. — 60
Un veuvage, com., 3 a. — 60
Un testament de dragon, vaud., 1 acte. — 60
Un vieux de la vieille, v., 1 acte. — 60
Une aventure de Scaramouche, opéra. — 1 f.
Une double leçon, com..

1 acte. — 60
Une famille au temps de Luther, trag., 1 a. — 60
Une faute, vaud., 2 a. — 60
Une femme laide, vaud., 2 actes. — 60
Une fête de Néron, tr., 5 actes. — 60
Une chaîne, com., 5 act. — 60
Une heure de mariage, op.-com., 1 a. — 60
Une invasion de grisettes, vaud., 2 a. — 60
Une journée à Versailles, com., 3 a. — 60
Une nuit au sérail, v., 2 actes. — 60
Une position délicate, v., 1 acte. — 60
Une présentation, com., 3 actes. — 60
Une Saint-Hubert, com., 1 acte. — 60
Une vision ou le Sculpteur, vaud., 1 a. — 60
Une visite nocturne, v., 1 acte. — 1 f.

Vagabond (le), dr., 1 a. — 60
Val d'Andorre (le), op.-com., 3 actes. — 1 f.
Valentine, vaud., 3 a. — 60
Valérie, com., 3 a. — 60
Veau d'or (le), v., 2 a. — 60
Vêpres (les) siciliennes, trag., 5 a. — 60
Verre d'eau, com., 5 a. — 60
Vert-Vert, vaud., 3 a. — 60
Veuve de la Grande armée (une), dr.-v., 4 a. — 60
Vie de château (la), v., 2 actes. — 60
Vie de garçon, v., 2 a. — 60
Vie d'un comédien, com., 4 actes. — 60
Vieille (la), op.-com., 1 acte. — 60
Vieux péchés (les), vaud., 1 acte. — 60
Vingt-six ans, v., 2 a. — 60
Voisin Bagnolet (le), v., 1 acte. — 60
Voyage à Dieppe (le), c., 3 actes. — 60
Voyage de Robert Ma-

caire, vaud., 1 a. — 60
Werther ou les Égarements, vaud., 1 a. — 60
Yelva ou l'Orpheline russe, vaud., 2 a. — 60
Zampa ou la Fiancée de marbre, op.-com., 3 a. — 60
Zoé ou l'Amant prêté, vaud. — 60

Pièces de VICTOR HUGO, à 60 centimes :

ANGELO, drame en 3 actes.
BURGRAVES (les), trilogie.
ESMERALDA (la), opéra en 4 actes.

HERNANI, drame en 5 actes.
LUCRECE BORGIA, drame en 3 actes.
MARIE TUDOR, drame en 3 actes.

MARION DELORME, drame en 5 actes.
ROI S'AMUSE (le), drame en 5 actes.
RUY-BLAS, drame en 5 actes.

LE CUISINIER ROYAL,
Un volume in-octavo, par VIART. — Prix : 5 francs.

ON TROUVE A LA MÊME LIBRAIRIE :

LE CHASSEUR AU CHIEN D'ARRÊT,

Contenant les habitudes, les ruses du Gibier, l'art de le chercher et de le tirer, le choix des Armes, l'Éducation des Chiens, leurs maladies, etc.

PAR ELZÉAR BLAZE,

3e édition. — 1 vol. in-8°. — Prix 7 fr. 50 c.

LE CHASSEUR AU CHIEN COURANT.

Contenant les habitudes, les ruses des Bêtes ; l'Art de les quêter, de les juger et de les détourner, de les attaquer, de les tirer ou de les prendre à force ; l'éducation du Limier, des Chiens courans, leurs maladies, etc.

PAR ELZÉAR BLAZE,

2 volumes in-8°. — Prix : 15 francs.

HISTOIRE DU CHIEN

CHEZ TOUS LES PEUPLES DU MONDE,

d'après la Bible, les pères de l'Église, le Koran, Homère, Aristote, Xénophon, Hérodote, Plutarque, Pausanias, Pline, Horace, Virgile, Ovide, Jean Caius, Paulini, Gessner, etc.

PAR ELZÉAR BLAZE,

Un vol. in-8°. — Prix : 7 fr. 50 cent.

La vie militaire sous l'Empire,

ou

MOEURS DE LA GARNISON, DU BIVOUAC ET DE LA CASERNE,

par EL. BLAZE,

DEUX VOLUMES IN-8. — PRIX 15 FR.

LE CHASSEUR AUX FILETS

OU LA CHASSE DES DAMES,

Contenant les habitudes, les ruses des petits Oiseaux, leurs noms vulgaires et scientifiques, l'Art de les prendre, de les nourrir et de les faire chanter en toute saison, la manière de les engraisser, de les tuer et de les manger.

PAR ELZÉAR BLAZE,

1 vol. in-8°, avec pl. gravées — Prix : 7 fr. 50 c.

LE MÊME, grand papier vélin, imprimé en encre rouge. Prix : 15 fr.

CABINET SECRET DU MUSÉE ROYAL DE NAPLES.

1 beau volume in-4° grand raisin vélin, orné de 60 planches coloriées, représentant les peintures, les bronzes et statues érotiques qui existent dans ce cabinet. Au lieu de 130 fr., broché...... 30 fr.
LE MÊME, figures noires, broché.................. 20
— figures coloriées sur chine, demi-reliure en veau.. 40
— figures noires sur chine, demi-reliure en veau...... 35
— doubles fig. noires et coloriées, cartonné à la Bradel. 45
— avec les deux collections de gravures sur papier de Chine parfaitement coloriées, demi-rel., dos en veau à nerfs.. 60

L'art ancien et l'art au moyen-âge ne se piquaient pas d'une pudeur bien chaste ; les plus admirables chefs-d'œuvre sont souvent accompagnés de détails obscènes qui en rendent impossible l'exposition aux yeux de tous. Le cabinet secret du roi de Naples est la seule galerie au monde où l'on se soit proposé de réunir tous les chefs-d'œuvre impudiques. Le livre qui les reproduit est l'indispensable complément de toutes les collections de musées, et doit trouver place dans un coin secret de la bibliothèque de l'artiste et de l'amateur.

RUSSIE, ALLEMAGNE ET FRANCE,

Révélations sur la politique russe,

D'APRÈS LES NOTES D'UN VIEUX DIPLOMATE,

par M. FOURNIER. — 1 vol. in-8°, prix : 4 fr.

JEANNE D'ARC,

Par A. SOUMET. — 1 vol. in-8°, prix : 5 fr.

THÉATRE DU MÊME,

1 vol. in-8°, prix : 4 fr.

Paris. — Imprimerie de DUBUISSON, rue Coq-Héron, 5.